普通高等教育"十一五"国家级规划教材
全国高等学校体育教学指导委员会审定
高等学校教材

乒乓球运动

Pingpangqiu Yundong

第二版

张瑞林　总主编

冯爱华　何秋华　李永平　主编

高等教育出版社·北京

图书在版编目(CIP)数据

乒乓球运动/张瑞林总主编;冯爱华,何秋华,李永平分册主编. --2版. --北京:高等教育出版社,2010.3(2022.9重印)

ISBN 978-7-04-028423-2

Ⅰ.①乒… Ⅱ.①张…②冯…③何…④李… Ⅲ.①乒乓球运动-高等学校-教材 Ⅳ.①G846

中国版本图书馆 CIP 数据核字 (2010) 第 021168 号

| 策划编辑 | 范 峰 | 责任编辑 | 范 峰 | 封面设计 | 王凌波 | 版式设计 | 范晓红 |
| 责任校对 | 金 辉 | 责任印制 | 存 怡 | | | | |

出版发行	高等教育出版社	网 址	http://www.hep.edu.cn
社 址	北京市西城区德外大街4号		http://www.hep.com.cn
邮政编码	100120	网上订购	http://www.hepmall.com.cn
印 刷	北京市艺辉印刷有限公司		http://www.hepmall.com
开 本	787mm×960mm 1/16		http://www.hepmall.cn
印 张	13.25	版 次	2005年9月第1版
字 数	230千字		2010年3月第2版
购书热线	010-58581118	印 次	2022年9月第13次印刷
咨询电话	400-810-0598	定 价	22.50元

本书如有缺页、倒页、脱页等质量问题,请到所购图书销售部门联系调换
版权所有 侵权必究
物 料 号 28423-00

编审委员会

主　　审：林志超

审　　委：邹继豪　李重申　王志苏　任景岩
　　　　　齐荣尊　吴子樱　郑厚成　武孝贤

总 主 编：张瑞林

主　　编：冯爱华　何秋华　李永平

副 主 编：白　洁

编写人员（以姓氏笔画排序）：
　　　　　马新春（河北科技大学）
　　　　　冯爱华（山东大学）
　　　　　白　洁（南京信息工程大学）
　　　　　何秋华（广东工业大学）
　　　　　张瑞林（山东大学）
　　　　　李永平（河北科技大学）
　　　　　常争光（山东大学）

前言

近些年的体质健康监测表明,我国青少年学生的耐力、力量、速度等体能指标持续下降,视力不良率居高不下,城市超重和肥胖青少年的比例明显增加。青少年的体质健康问题引起了全社会的广泛关注,也引起了党和政府的高度重视。为此,2006年12月23日,教育部、国家体育总局和共青团中央联合召开了建国以来的第一次"全国学校体育工作会议",并于2007年4月29日正式启动了"全国亿万青少年学生阳光体育运动";2007年5月7日,中共中央国务院颁发了《关于加强青少年体育 增强青少年体质的意见》(下称《意见》)。《意见》中明确指出:"广大青少年身心健康、体魄强健、意志坚强、充满活力,是一个民族旺盛生命力的体现,是社会文明进步的标志,是国家综合实力的重要方面……要认真落实健康第一的指导思想,把增强学生体质作为学校教育的基本目标之一……全面实施《国家学生体质健康标准》,把健康素质作为评价学生全面健康发展的重要指标。广泛开展'全国亿万学生阳光体育运动',鼓励学生走向操场、走进大自然、走到阳光下,形成青少年体育锻炼的热潮。确保学生每天锻炼一小时……"

为了适应新时期国家提出的一系列学校体育改革发展要求,以促进学生体质健康发展为根本目的,在遵循学生生长发育规律和认知规律的基础上,我们对2005年版系列教材进行了全面的修订。

本次修订是在遵循第一版"指导思想明确、突出教育功能、围绕健康促进、强调个性发展、彰显文化特色"的编写基础上,进一步强调了系列教材的实用性、针对性等特点。具体体现在:①以"健康第一"思想为指导,统领整个教材编写工作;②以突出学校体育的教育功能为根本,使教材内容呈现鲜明的知识性、系统性、先进性特色;③以促进学生体质健康发展为宗旨,突出教材内容的方法性、实用性,并对增强学生体质内在规律性的认识进行了系统的诠释;④以满足学生的个性需求为原则,使系列教材内容呈现丰富多彩;⑤以适应"阳光体育运动"开展为基本要求,使教材内容能够充分反映课内外有机衔接;⑥以先进的体育文化为引领,使教材内容集知识性、教育性、娱乐性于一体。

在上述思想的指导下,我们对原教材具体做了如下修改:

1. 将原教材第一章内容进行了调整,删除了与学生课内外体育锻炼联系不够紧密的"学校体育与竞技运动"、"营养与健康"、"奥林匹克运动"等内容，并对"健康概述"、"体育锻炼与健康"、"普通高等学校体育教育要求"和"校园体育文化"等部分的内容进行了较大幅度的改动，如增加了高校体育课程、《国家学生体质健康标准》、"阳光体育运动"等内容，使本章内容与高等学校体育课程改革更加贴近，更贴近大学生的生活，更便于学生阅读和掌握。

2. 将原教材第二章、第三章和第四章内容整合为一章，使该部分内容更简练、直观，便于学生理解具体项目对健康的影响和作用。

3. 在技术部分也进行了一定的调整，如调整了部分技术出现的先后顺序，使得技术部分内容更加符合教学实践活动的规律；增加了大量的练习方法，使学生可以根据自身的情况进行选择，为熟悉、熟知和掌握该运动项目提供了有效的途径。

本套教材是普通高等教育"十一五"国家级规划教材，包括《足球》、《篮球》、《排球》、《乒乓球》、《羽毛球》、《网球》、《健美操》、《体育舞蹈》、《健身健美》、《游泳》、《武术》、《散打与女子防身术》、《跆拳道》、《户外运动》、《体育保健与康复》等分册。

在本系列教材的编写过程中，吸收、借鉴了国内外许多专家学者的最新研究成果和出版文献，在出版过程中得到了高等教育出版社体育分社的大力支持和帮助，在此一并表示诚挚的感谢！

由于编写人员水平所限，不妥之处在所难免，敬请读者批评指正！

张瑞林
2009 年 11 月

目 录

第一章　体育与健康概述 …………………………………………… 1
　第一节　健康概述 …………………………………………………… 2
　第二节　体育锻炼与健康 …………………………………………… 9
　第三节　普通高校体育教育要求 …………………………………… 11
　第四节　校园体育文化 ……………………………………………… 15

第二章　乒乓球运动与健康 …………………………………………… 20
　第一节　乒乓球运动与身体健康 …………………………………… 21
　第二节　乒乓球运动与心理健康 …………………………………… 27
　第三节　乒乓球运动与社会适应能力 ……………………………… 37

第三章　乒乓球运动的起源与发展 …………………………………… 48
　第一节　乒乓球运动的起源 ………………………………………… 49
　第二节　世界乒乓球运动的发展 …………………………………… 49
　第三节　中国乒乓球运动的发展 …………………………………… 54

第四章　乒乓球基本技术与练习方法 ………………………………… 62
　第一节　乒乓球运动基本理论 ……………………………………… 63
　第二节　乒乓球基本技术 …………………………………………… 78
　第三节　乒乓球技术练习方法 ……………………………………… 116
　第四节　乒乓球体能练习 …………………………………………… 120

第五章　乒乓球基本战术 ……………………………………………… 125
　第一节　发球抢攻战术 ……………………………………………… 126
　第二节　接发球战术 ………………………………………………… 128
　第三节　对攻战术 …………………………………………………… 130
　第四节　拉攻战术 …………………………………………………… 132
　第五节　削攻结合战术 ……………………………………………… 133
　第六节　搓攻战术 …………………………………………………… 135
　第七节　战术意识 …………………………………………………… 136
　第八节　战术练习方法 ……………………………………………… 137

第六章　乒乓球运动的竞赛组织及规则 ……………………………… 139
　第一节　乒乓球比赛前的组织工作 ………………………………… 140
　第二节　乒乓球比赛规则规程答疑 ………………………………… 161

第三节　裁判员临场工作程序……………………………………170
　　第四节　裁判员手势………………………………………………177
第七章　乒乓球运动观赏………………………………………………178
　　第一节　乒乓球运动观赏的意义…………………………………179
　　第二节　乒乓球运动观赏的内容…………………………………180
附录一　大学生体质测试评分表………………………………………187
附录二　大学生心理健康自评量表（SCL-90）………………………193
附录三　大学生社会适应测试量表（附表8、附表9）………………200
主要参考文献……………………………………………………………202

第一章 体育与健康概述

章前导言

"以人为本、健康第一"是《全国普通高等学校体育课程教学指导纲要》的核心,是体育课程改革的行动指南。然而,如何理解新时期普通高等学校体育教育的目标和功能?如何把握健康的含义?体育与健康有何关系?国家对普通高校体育教育的要求如何?如何深刻认识学校体育的文化含义?本章将围绕这些问题进行系统、全面的阐述。

学习目标

1. 理解健康和亚健康的含义。
2. 认识体育锻炼对健康的促进作用。
3. 了解国家对普通高校体育教育的要求。
4. 探究校园体育文化的精髓。

关键词

健康　阳光体育运动　校园体育文化

第一节 健康概述

随着社会的发展、生产力水平的提高以及人们物质生活的日益丰富,人们的生活方式发生了很大变化,人类正在被激烈的社会竞争和巨大的社会压力所困扰,以致引发了诸多精神紧张和心灵扭曲的病症。诸如此类的现象比比皆是,它们都考验着人类的健康程度,并可能引发人类"现代文明病"的出现。由此也使得人类对健康的追求比以往任何一个时期都迫切和强烈!

一、健康的概念

人是一种既具有生物属性又具有社会属性的高度文明和社会化的高级动物。人从诞生开始,就意识到何谓"生"、何谓"死",就懂得健康的重要性。因此,健康可以说是人类最基本的要求,也是人类永恒的主题。何谓健康?从古至今,人们对它的解释各不相同。1948年,世界卫生组织(WHO)在其宪章中给健康下的定义是"健康不仅仅是没有疾病和衰弱的状态,而是一种在身体上、精神上和社会上的完满状态"。而后,世界卫生组织又在1978年国际保健大会上通过的《阿拉木图宣言》中重申了健康的含义,指出"健康不仅仅是没有疾病和痛苦,而且包括在身体、心理和社会方面的完好状态"。由此可见,一个人只有在身体和心理上都保持健康的状态,并且有良好的社会适应能力,才称得上真正的健康。

从世界卫生组织对健康概念的表述不难看出,人的健康具有身体、心理和社会三维立体的结构含义,并且三者的同时具备程度决定着人的健康状况。因此,美国学者奥林斯提出了一种三维健康模型,强调从身体、心理和社会三个方面来评价人的生命状态(表1-1)。

表1-1　8种三维健康模型

种类	标志	身体方面	心理方面	社会方面
1	正常健康	健康	健康	健康
2	悲观	健康	不健康	健康
3	社会方面不健康	健康	健康	不健康
4	患疑难病症	健康	不健康	不健康
5	身体不健康	不健康	健康	健康
6	长期受疾病折磨	不健康	不健康	健康
7	乐观	不健康	健康	不健康
8	严重疾病	不健康	不健康	健康

资料来源:F.D. 奥林斯. 健康社会学 [M]. 北京:社会科学文献出版社,1992.

鉴于世界各国对健康问题的研究，世界卫生组织在其制订的世界保健大宪章中对"健康"提出了10条准则，进一步丰富了传统意义上健康的内涵。健康的这10条准则是：

（1）精力充沛，能从容不迫地应付日常生活和工作，而不感到过分紧张和疲劳。

（2）处事乐观，态度积极，乐于承担责任，事无巨细，不挑剔。

（3）善于休息，睡眠良好。

（4）应变能力强，能适应外界环境的各种变化。

（5）能够抵御一般性感冒和传染病。

（6）体重适当，身体匀称，站立时头、肩、臀位置协调。

（7）眼睛明亮，反应敏捷，眼睑不发炎。

（8）牙齿清洁，无龋齿，不疼痛，牙龈颜色正常，无出血现象。

（9）头发有光泽，无头屑。

（10）肌肉丰满，皮肤有弹性，走路轻松。

二、亚健康

20世纪80年代，有学者发现，在人的一生中，身体除健康状态和疾病状态外，还存在一种介于两者之间的非健康非疾病的状态，人们将其称为"亚健康"状态（图1-1），也称为灰色状态、病前状态、亚临床期或潜病期等。人体处于亚健康状态虽然机体尚无临床症状或器质性病变，但机体的生理功能已经开始下降，如自感体力下降，反应能力降低，精神状态欠佳，免疫能力低下，自我已有程度不同的不舒服的症状，此时具有发生各类疾病的危险。

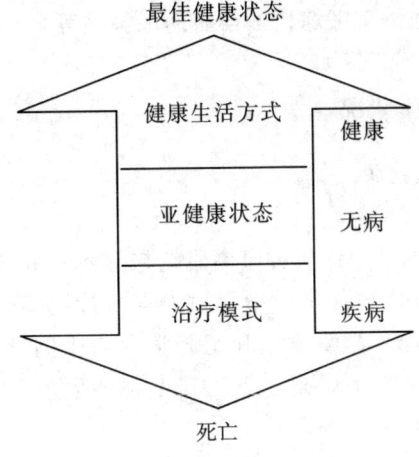

图1-1 健康、死亡连续统一体

亚健康状态既可以向健康状态转化，也可以向疾病状态转化。亚健康状态向健康状态转化，取决于自我保健的措施和自身的免疫能力，而向疾病状态转化是亚健康状态的自发过程。因此，通过体育锻炼，提高自身的免疫力水平和身体的各项机能，是摆脱亚健康状态最有效的方法。

> **知识链接 1-1**
>
> 三种健康状态
>
> ● 健康状态：经临床检查无疾病，主观又无虚弱和不适的感觉；精力充沛，工作、学习、处事及社交均处于自我感觉较为满意的状态。
>
> ● 亚健康状态：虽然没有疾病，但主观感觉虚弱和诸多不适；日常精神欠佳，机体活力降低；反应能力减退，工作效率降低；为人处世较差，适应能力降低；同时又无疾病的客观依据。
>
> ● 疾病状态：按国际疾病分类标准确定疾病，并根据病情和病程确定疾病状态。

> **知识链接 1-2**
>
> 亚健康状态的成因与消除
>
> ● 成因：亚健康状态与遗传基因、严重的环境污染、紧张的生活节奏、过重的心理压力、不良的生活习惯、超负荷工作带来的疲劳、长期患病或经历过手术治疗等因素有关。
>
> ● 消除措施：改正不良生活习惯、调整个人心理状态、提高应变能力、消除疲劳、加强体育锻炼、适当服用保健品等。

三、大学生的健康状况

（一）大学生身体健康

1. 大学生身体健康现状

2005年第五次全国学生体质健康调研结果显示：我国学生的肺活量水平、体能素质持续下降，其中体能素质中的耐力素质持续20年下降，速度素质和力量素质连续10年下降；超重学生和肥胖学生的比例迅速增加，其中城市男生已达24%；视力不良率仍居高不下，其中小学生为31%、初中生为58%、高中生为65%、大学生为82%。

造成上述情况的原因有很多，但是大致可以归结为以下几个主要方面：

（1）学校体育的本质功能没有被充分认识，导致学校体育的指导思想不完善。

(2) 混淆了学校体育与竞技体育的本质区别及其联系。

(3) 体育课程改革有待进一步深化。

(4) 学校全民健身服务体系尚未形成。

(5) 学生课业负担重、锻炼时间少，且未养成良好的锻炼习惯。

(6) 学校体育场地、器材、设施欠缺，体育活动的内容与形式都不够丰富。

大学生身体素质的全面提高问题，引起了中央领导和全社会的极大关注。要提高大学生的身体健康水平，学校体育教育应从以下几个方面落实好各项工作：

(1) 高校体育教育要树立"健康第一"的指导思想。

(2) 构建科学的体育课程体系。

(3) 推动学生课外体育锻炼的开展。

(4) 提高体育师资队伍的素质和水平。

(5) 完善学校运动训练和竞赛体系。

2. 大学生体质健康测试

教育部、国家体育总局根据《学生体质健康标准》试行5年来的实际情况和调研中所发现的问题，对《学生体质健康标准》进行了修订和完善，并定名为《国家学生体质健康标准》（下称《标准》），于2007年正式颁布实施。《标准》的颁布实施，对于加强素质教育，提高我国青少年体质健康水平必将发挥积极的作用，产生深远的影响。

《标准》从身体形态、身体机能、身体素质和运动能力等方面综合评定学生的体质健康水平，并把学生分为6个组别，其中大学生单独列为一组。《标准》还对测试项目、评价标准等作了明确的规定（附录一）。本章第三节将对体质测试进行详细介绍。

知识链接1-3

运动处方

运动处方是康复医师、教练员或体育教师及社会体育健身指导员等，针对从事体育锻炼者或病人，根据医学检查资料，按其健康、体力以及心血管功能状况，结合生活环境和运动爱好等个体特点，用处方的形式规定适当的运动种类、强度、时间及频率，并指出运动中的注意事项，以指导其有计划地、科学地经常性锻炼，达到健身、消除疲劳或治病的目的。

制订运动处方应遵循个体化原则、安全有效原则、可行性原则、循序渐进原则和全面性原则。

一个完整的运动处方一般包括以下内容：运动目的、运动种类、运动强度、运动时间、运动的时间带、运动频率及注意事项等。

1. 运动目的

由于处方对象的性别、年龄、身体状况的不同，其运动目的也不同。目的有强身健体、疾病防治、减肥健美、娱乐休闲及提高专门运动成绩等。

2. 运动种类

根据体育运动参加者的目的不同，可选择有针对性的运动项目。为了健身、保持体重及改善心脏功能和代谢，或者为了预防疾病，宜选择以有氧代谢为主的步行、慢跑、游泳、自行车、划船等耐力性运动项目；为了增强肌肉力量和肢体活动能力，宜选择力量性运动项目；为了松弛精神、消除疲劳、预防高血压和神经衰弱，可选择太极拳、五禽戏、散步和放松体操等伸展运动项目。

3. 运动强度

适宜运动强度的范围可以用靶心率来控制，靶心率 = (220 − 年龄) × (70% ~ 85%)。也可以计算出最适宜运动的心率。其计算方法如下：

最大心率 = 220 − 年龄　　心率储备 = 最大心率 − 安静心率

最适宜运动心率 = 心率储备 × 75% + 安静心率

或者是通过简易的计算方法：靶心率 = 180（或170）− 年龄

4. 运动时间

运动时间是每次运动所持续的时间，即达到运动处方所要求运动负荷的时间。

5. 运动的时间带

运动的时间带是指一天中应在什么时候运动。应根据人的生物节律周期及日节律来合理安排运动的时间带。

6. 运动频率

运动频率是指每周运动的次数。运动间隔时间过长或过短，都会影响运动处方的效果。一般采用隔日锻炼一次，这样可以给机体充分的休息调整时间，使其做到"超量恢复"，从而使处方效果显著。

7. 注意事项

为了保证安全，要根据处方实施者的具体情况，提出锻炼时的注意事项。

大学生运动处方示例——减肥的运动处方

姓名：A　性别：女　年龄：20岁　职业：学生　体育爱好：羽毛球

健康检查：良好，身高1.55米，体重60公斤，体脂中度超重　病

史：无

运动负荷测定：台阶实验，安静脉搏 79 次/分钟，血压 75/115 毫米汞柱，肺活量 2 800 毫升

体能测定：力量——仰卧起坐 25 个/分钟，耐力——800 米跑 4′5″

体质评定：健康状况，良；体重过重，心肺功能稍差

运动目的：减肥和健身

运动项目：羽毛球、健身跑、健美操、篮球等

运动强度：由小逐渐加大，心率在靶心率范围（140～170 次/分钟）

运动时间：12 周（减少体重 3～5 千克），每次 30～60 分钟

运动频度：4～5 次/周

注意事项：适当控制饮食，减少糖类、油脂的摄入，可吃一定的蔬菜、水果，有病如发烧，应停止运动

自我监督：心率

处方者：
年　月　日

（二）大学生心理健康

1. 大学生心理健康的现状

近年来，大学生作为一个特殊的群体，其心理健康问题日益受到人们的重视。当前，我国正处于向社会主义市场经济过渡的关键时期，社会经济体制的变革必然对原有的社会文化及道德体系造成一定的冲击。大学生一方面要面对大学学习、生活的压力，另一方面又要面对社会上各种多变的思潮和价值观念。理想与现实的反差，期望与能力的冲突，使他们感到困惑和无所适从。有研究表明，在具有心理疾病的大学生中，男生多表现为偏执、精神病性和敌对；女生多表现为恐惧、忧郁、焦虑和人际关系敏感。

影响大学生心理健康的原因是多方面的，包括社会、家庭、学校等各个方面。对大学生个人而言，以下 4 个方面是影响大学生心理健康的主要原因：

（1）适应环境问题。

（2）爱情、婚姻、择业问题。

（3）网络沉迷问题。

（4）观念面临挑战问题。

现阶段，针对大学生的心理健康问题，有关专家、学者进行了大量的研究，给出了比较系统的解决方案，认为高校要提高大学生的心理健康水平应从以下几个方面着手：

（1）加强心理健康教育的师资队伍建设。
（2）开设心理健康教育课。
（3）开展心理咨询与心理辅导。
（4）构建大学生心理健康教育课程体系。
（5）加强校园科技文化建设。
（6）培养学生自我心理调节的能力。

2. 大学生的心理测试

大学生良好心理素质的培养与心理健康教育不仅关系到社会主义高等教育能否培养出身心健康、人格健全、全面发展、适应社会主义市场经济要求、能适应新世纪挑战的新型人才，而且关系到全民族素质的提高。目前许多高校正致力于大学生心理健康的辅导，许多高校针对大学生的心理健康状况采取了问卷调查和开设心理学讲座的形式，学生在入学时要填写调查问卷，学校为学生建立心理健康档案，并在学业期间针对学生出现的较为普遍的心理问题开设专门的心理健康讲座。现在，几乎所有高校都设有心理咨询室，学生可以针对遇到的心理困惑进行免费的咨询。

虽然国内外关于心理健康的调查问卷比比皆是，但是对大学生而言，使用起来各自有着不同的优点和弊端。由于思维方式、成长环境以及传统文化的不同，在引入国外量表时就存在是否"适用"的问题。而我国专门针对大学生设计的心理量表尚需要经过长期实践的检验，在确立其信度和效度达到要求的情况下，方可公开使用。针对这样的现状，本书引入了世界上最著名的心理健康测试量表——《症状自评量表SCL-90》（附录二），以方便大学生参照。

（三）大学生社会适应能力

1. 大学生社会适应能力的现状

社会适应能力反映在与周围环境具有积极、稳定的双向作用，既包括个体的主动适应，又要求与周围环境相协调，前者即个体执行社会角色的能力，后者体现在和谐的人际关系和充分的社会支持上。

从大学生群体社会适应能力的总体表现出发，我国大学生的社会适应能力现状整体呈良性发展趋势，个体能在个体环境、集体环境及社会环境中表现出和睦相处的愿望、良好的人际关系、良好的道德情操、积极向上的社会责任感。但同时也有部分学生的社会参与意识不强，环境适应能力弱，不能胜任多角色的变换，服务社会的意识淡薄，在社会活动中处于从属的地位，难以坚持原则等。大学生所表现的社会适应能力状况是与其从不成熟走向成熟的心路历程息息相关的。在改善大学生社会适应能力状况时，应针对其年龄特征和心理特征循循善诱，因势利导，而不应采取强硬的态度和措施。

2. 大学生社会适应测试

虽然近年来社会适应能力的好坏逐渐成为人们关注的焦点，但是专门针对大学生社会适应能力测试的量表却并不多见，这与长期以来社会适应能力没有很好地从心理健康问题中分离出来是有很大关系的。在很多心理量表中，都包含着社会适应能力的测试因子。加强大学生社会适应能力的评价工作，需要当今的社会学专家、心理学专家以及全社会的共同努力。本书引入了郑日昌先生的《大学生社会适应测试量表》（附录三），以方便大学生进行自我测试。

> **知识链接1-4**
>
> 　　由于心理测试和社会适应能力测试是通过一些间接指标来反映实际的心理状况和社会适应能力状况的，受测试者当时身体健康状态、情绪等多方面的影响，所以测试结果是需要客观对待。尤其是当测试结果不理想时，一方面要积极对待测试的结果，因为未必测试结果就是准确的；另一方面要积极地与相关心理学专业人员进行沟通，在专业人员的帮助下，积极地调整状态。一个心理问题或社会适应问题的解决就如经历了一场感冒一样，问题解决后，你会发现：健康原来如此重要！

第二节　体育锻炼与健康

根据世界卫生组织对健康的定义，一个人的健康与否需要从身体、心理和社会适应能力三个方面予以综合评价。人类健康受多种因素的影响，主要包括遗传、营养、体育锻炼、生活环境、教育状况、卫生条件等几个方面。体育虽然不是达到健康目的的唯一途径，但却对健康有着极为重要的促进作用。

一、体育锻炼对身体健康的促进作用

体育锻炼对身体健康的促进作用表现在对人体形态和机能的影响。一定时间和量的体育锻炼可以在一定程度上提高神经系统的调节作用，使机体各器官、系统之间的配合更加协调、工作效率更高，抵御外界侵扰的能力增强等。这些内在机能的改变将直接导致人体骨骼、肌肉、皮肤等的改变：通过体育锻炼可以使肌肉体积增大、骨骼更加粗壮、皮肤更加红润，使人体格健壮、精力充沛，从而从容不迫地应对生活、学习和工作中的各项身体活动和压力。

二、体育锻炼对心理健康的促进作用

体育锻炼对身体健康的促进作用已成为不争的事实,人作为一个身心统一的个体,身体健康与心理健康是相互促进、相互影响的,体育锻炼作为一种有效增进身体健康的手段,在促进身体健康的同时,也对心理健康起着良好的调节与促进作用。体育锻炼对心理健康的促进作用主要表现在发展智力、改善情绪状态、促进良好自我概念的确立、培养坚强的意志品质、缓解心理压力等方面。另外,随着人们对运动处方的研究,体育锻炼在作为心理疾病的医疗辅助手段上,正发挥着积极的保健康复作用。

> **知识链接 1-5**
>
> 如何科学地选择适合调节心理问题的运动项目
>
> 对于存在不同程度心理问题的个别学生而言,需要有针对性地选择锻炼的项目。有些项目的对抗比较激烈,如果个体焦虑水平比较高,情绪容易烦躁,这时应选择比较舒缓的运动项目进行锻炼,从而达到降低焦虑水平、提高心理调适能力的目的,如太极拳、慢跑等;而有的人则有抑郁的倾向,在选择运动项目时,可选择单位时间内强度较大的项目,以达到提高神经系统的兴奋性,调动身体的活力,进而发展积极情绪的目的,如健美操、篮球、排球、羽毛球等。

> **知识链接 1-6**
>
> 促进心理健康的途径
> - 选择有利于克服心理障碍的健身形式。
> - 提高自己人际交往的能力,增强自己的社会适应性。
> - 建立知足常乐的人生观。
> - 培养多方面的兴趣和积极的情操。
> - 激发自己的非智力因素,尝试创造性的学习和工作。

三、体育锻炼对社会适应能力的促进作用

社会适应能力与身体健康和心理健康密切相关,尤其与后者关联度更高。体育锻炼对社会适应能力的影响主要表现在促进人的竞争与协作意识的发展、培养公平公正的价值观和个体适应社会角色的能力、培养建立良好人际关系的能力、提高人们对现代快节奏生活的适应能力等方面。

> **知识链接 1-7**
>
> 如何在体育运动中提高大学生的社会适应能力
> - 养成尊重生命的观念,丰富体育生活。
> - 提高健康意识,形成健康理念。
> - 练就良好的体能,发展运动技能。
> - 培养增进人际关系与互动的能力。
> - 培养社会责任感。
> - 培养积极向上的意识,建立公平竞争的环境。
> - 培养合作精神,提高团队凝聚力。

资料来源:蔡丽萍,杜欣.体育运动对提高大学生社会适应能力的作用[J].中国环境管理干部学院学报,2006,16(2):121~122.

第三节 普通高校体育教育要求

一、高校体育课程

中共中央国务院于1999年6月发出的《中共中央国务院关于深化教育改革 全面推进素质教育的决定》明确指出:"健康体魄是青少年为祖国和人民服务的基本前提,是中华民族旺盛生命力的体现。学校教育要树立'健康第一'的指导思想,切实加强学校体育工作。"在这一思想的指导下,教育部2002年制定颁发了《全国普通高等学校体育课程教学指导纲要》(以下简称《纲要》),并制定了普通高等学校体育课程目标,要求学生通过体育课程的学习,在以下几方面得到发展:

第一,增强体能,掌握和运用基本的体育与健康知识和运动技能。
第二,培养运动的兴趣和爱好,形成坚持锻炼的习惯。
第三,具有良好的心理品质,表现出人际交往的能力与吃苦精神。
第四,提高对个人健康和群体健康的责任感,养成健康的生活方式。
第五,发扬体育精神,形成积极进取、乐观开朗的生活态度。

《纲要》要求学生通过体育课程的学习,不但要在体能、体育与健康知识和运动技能等方面有所收获,而且要使学生形成坚持体育锻炼的习惯和健康的生活方式,并具有积极进取、乐观开朗的生活态度。

> **知识链接1-8**
>
> 国外体育课程的目标
>
> **新西兰**：①形成维持和提高个人健康和身体发展的知识、理解、技能和态度；②通过发展运动技能，获得有关的知识和理解，形成对身体活动的积极态度；③提高能改善人际关系的理解、技能和态度；④采取积极、负责的行动，参与健康的社区和环境的创新。
>
> **美国加州**：①发展学生的各种动作技能以及与闲暇活动技能有关的能力；②逐步理解健康生活习惯的重要性；③逐步获取有关游戏和运动的规则和策略；④通过体育和娱乐计划，提高学生的自信和自我价值感。
>
> **英国**：①获得和发展技能；②评价和改进活动；③获得体能和健康的知识和理解。

《纲要》又具体地提出了学生通过体育课程学习在运动参与范围内、运动技能范围内、身体健康范围内、心理健康范围内、社会适应范围内应达到的要求：

第一，在运动参与范围内应达到：具有积极参与体育活动的态度和行为，用科学的方法参与体育活动。

第二，在运动技能范围内应达到：获得运动基础知识，学习和应用运动技能；安全地进行体育活动；获得野外活动的基本技能。

第三，在身体健康范围内应达到：形成正确的身体姿势；发展体能；具有关注身体和健康的意识；懂得营养、环境和不良行为对身体健康的影响。

第四，在心理健康范围内应达到：了解体育活动对心理健康的作用，认识身心发展的关系；正确了解体育活动与自尊、自信的关系；学会通过体育活动等方法调控情绪；形成克服困难的坚强意志品质。

第五，在社会适应范围内应达到：建立和谐的人际关系，具备良好的合作精神和体育道德；学会在现代社会中获取体育知识与健康知识的方法。

二、体质测试

为贯彻落实"健康第一"的指导思想，切实加强学校体育工作，促进学生积极参加体育锻炼，养成良好的锻炼习惯，提高体质健康水平，并结合新时代的实际情况和要求，教育部于2007年对2002年颁布的《学生体质健康标准（试行方案）》进一步作了改革，颁布了《国家学生体质健康标准》。

（一）体质测试的项目

《标准》从身体形态、身体机能、身体素质和运动能力4个方面综合评定学生的体质健康状况。该标准大学为一组，大学测试项目为5类，身高、体重、肺活量为必测项目，其他三类测试项目各选测一项，大学生评价指标与分值见表1-2。

表1-2 《国家学生体质健康标准》大学生测试项目与分值

指标	测试项目	分值	备注
身体形态	身高标准体重	10	必测
身体机能	肺活量体重指数	20	必测
	1 000米跑（男）/800米跑（女）、台阶试验	30	选测一项
身体素质	坐位体前屈、仰卧起坐（女）/引体向上（男）、掷实心球、握力体重指数	20	选测一项
运动能力	50米跑、立定跳远、跳绳、篮球运球、足球运球、排球垫球	20	选测一项

（二）评分标准

各评价指标的得分之和为大学生体质健康标准的最后得分，满分为100分。根据最后得分评定等级：90分及以上为优秀，75~89分为良好，60~74分为及格，59分及以下为不及格。学生体质健康标准成绩每学年评定一次，按评定等级计入《国家学生体质健康标准登记卡》。

三、阳光体育运动

大学生是21世纪我国社会主义现代化建设事业的主要力量，他们的身体健康状况如何，直接关系到我国社会主义现代化战略目标能否实现，关系到中华民族的生命力。提高大学生的健康水平，培养他们的健康体格，是一项基础性工程，是普通高校推进素质教育义不容辞的责任。大学生身体健康状况关系其今后发展，决定着个体的顺利成长和成才，也关系着民族的未来与希望。

1985—2005年先后5次全国学生体质健康调研的结果引起了国家领导和全社会的极大关注。2006年12月23日，在国务委员陈至立同志的亲自安排和领导下，教育部、国家体育总局和共青团中央在北京联合召开了新中国成立以来的第一次"全国学校体育工作会议"，会议的主题是"关注亿万青少年学生身体健康"。教育部、国家体育总局、共青团中央于当日联合发出了《关于开展全国亿万学生阳光体育运动的通知》（下称《通知》）。《通知》指出：要进一步提高对体育的认识。在各级各类学校中形成全员参与的群众性体育锻炼的良好风气；要以"达标争优、强健体魄"为目标，用三年时间，使85%以上的学校能全面实施《标准》，使85%以上的学生能做到每天锻炼一小时，达到《标准》及格等级以上，掌握至少两项日常锻炼的体育技能，形成良好的体育锻炼习惯，体质健康水平切实得到提高；要以全面实施《标准》为基础，建立和完善标准的测试结果记录体系，并作为毕业升学的重要依据；要与体育课教学相结合，确保开足、上好体育课，保证学生每天一小时的锻炼时间；要与课外体育活动相结合，大力推行大课间体育活动，不断丰富学生课外体育活动的形式和内容；要营造良好的舆论氛围，通过宣传，使"健康第一"、"达标争优、强健体魄"、"每天锻炼一小时，健康工作五十年，幸福生活一辈子"的口号家喻户晓，深入人心；要加强组织领导。①

2007年1月7日，胡锦涛总书记针对现在我国青少年学生的身体健康问题作了重要批示，希望教育部、国家体育总局拿出具体可行的对策和方案。全国各省市、自治区、直辖市围绕落实胡总书记和学校体育工作会议的精神，积极研究制订适合本地区的有关方案。2007年4月29日，教育部、国家体育总局、共青团中央、北京市政府在北京朝阳公园举办了"全国亿万青少年学生阳光体育运动"现场启动仪式，随着中共中央政治局常委李长春同志宣布"全国亿万学生阳光体育运动正式启动"，面向全国各级各类学校全体学生的一项大型群众性体育活动拉开了序幕。

2007年5月7日《中共中央国务院关于加强青少年体育 增强青少年体质的意见》（下称《意见》）（中发［2007］7号）颁布与实施，标志着国家将关注广大青少年身体健康的重大战略性举措纳入了人才强国战略具体的操作内容之中。《意见》不仅规定了新时期学校体育工作落实科学发展观的原则和方向，而且，也为促进青少年学生体质健康发展提供了政策保障。《意见》的发布是在和谐社会建设过程中，学校体育教育落实以人为本、促进人的全面发展的重要体现，是指导学校体育改革的纲领性文件。

2007年6月14—15日，教育部在山东大学召开了教育部直属高校体育工作会议。会议围绕学习、贯彻《意见》和全国学校体育工作会议精神，研究落实全国亿万学生阳光体育运动和《标准》的实施工作，动员教育部直属高等学校加强学生体育工作，促进学生健康成长。

2008年，教育部、国家体育总局、共青团中央在2007年成功举办"阳光体育与奥运同行冬季长跑活动"的基础上，共同下发了《全国亿万学生阳光体育冬季长跑活动的通知》（下称《通知》），要求各级教育行政部门要将冬季长跑活动纳入工作计划，广泛发动、认真组织、具体指导，尽最大可能提高冬季长跑活动在本地区学校开展的普及率，并要求各级各类学校把冬季长跑活动

---

① 教育部，国家体育总局，共青团中央. 关于开展全国亿万学生阳光体育运动的通知［Z］. 教体艺［2006］6号.

纳入日常教育教学计划之中，将冬季长跑活动与体育课、早操、大课间体育活动和课外体育活动有机结合，制订操作性强的实施方案，组织、指导并带动广大学生积极参加冬季长跑活动。

《通知》规定：从2008年10月26日开始，学生们要在学校里参加为期半年的冬季长跑活动。按要求，每个学生每天长跑距离基数大致为：小学生1 000米，中学生1 500米，高中生及大学生2 000米。全国各高校响应教育部的号召，积极做好宣传、报道工作，营造良好的活动氛围，并认真组织本校冬季长跑活动起跑仪式，促进全社会关注和支持冬季长跑活动。

知识链接1-9

冬季长跑对大学生的裨益

冬季长跑不仅能增强学生体质和耐寒能力，促进肌肉、骨骼、神经系统和器官的健康发育，而且还能磨炼学生的意志力、坚持力、自制力、进取心以及自觉性等，大学生也可以很好地利用冬季长跑的方式，调适不良的情绪状态、缓解心理压力。从这一层面来说，冬季长跑对于维护大学生身心健康是大有裨益的，能使大学生活更富阳光、更为精彩。

2009年5月14日，教育部部长周济在全国亿万学生阳光体育运动推进会上提出，要大力推动国家学生体质健康标准，大力开展群众性校园体育活动，以新的高度、新的思路和新的举措抓好学校体育工作，要以爱与责任，扎扎实实地推进阳光体育运动，并再次强调在每所校园喊响"每天锻炼一小时，健康工作五十年，幸福生活一辈子"的口号。

第四节　校园体育文化

校园文化对生活、工作、学习在校园的全体师生而言是一个古老而又新鲜的话题。它作为一种客观存在，与校园相伴而生，如影随形，呈现方式千姿百态。校园文化包括学校在长期的办学实践中形成的培养目标、办学传统、校风、学风，校园的活动风格，师生的行为方式及其背后的价值观念等，它是校园内的微观文化，也是整个社会文化系统中的亚文化形态。校园文化是一个内容丰富、层次清晰、立体化的有机整体。作为这个整体重要组成部分的校园体育文化是促进校园文化发展的重要方面，同时，它又是内涵深刻和外延丰富的一种独特的文化现象，对于加强学校精神文明建设、提高校园文化质量、全面推进素质教育和全民健身计划的落实以及培养师生的终身体育意识都具有十分重要的意义。

一、校园体育文化的含义

校园体育文化是学校全体师生员工在长期的办学活动和体育活动中所形成的体育活动方式以及所创造的体育精神财富和物质财富，它是身体教育智慧和身体练习实践能力的总和。校园体育文化是一种管理文化、教育文化和组织文化。

（一）校园体育文化是一种管理文化

学校体育工作的目标是为学校的总体发展目标服务的。要实现学校体育的工作目标，必然要充分调动学校领导、教师和学生的积极性，充分依靠管理的计划、组织、领导、控制等职能，充分利用学校现有的体育人力、物力、财力等资源。

（二）校园体育文化是一种教育文化

高等学校是培养高素质创新型专业人才的基地，学校体育是学校教育的重要组成部分，所以，校园体育文化活动必须反映出学校的价值观、道德规范和行为规范。在实施过程中，必须科学设计学校体育教学活动和群体活动，否则，就不能生成具有学校特征的体育文化。

（三）校园体育文化是一种组织文化

为了实现校园的体育工作目标，学校必须建立分工明确、制度到位的体育工作组织。这一组织除了有组织原则、组织结构、组织过程及必要的规章制度之外，更重要的是要有校园体育文化，使学校体育组织有一个共同的群体意识及行为准则，以营造和谐的人际关系，形成团结、互助、融洽的组织气氛。

二、校园体育文化的要素和结构

（一）校园体育文化的要素

一般文化要素包括心理、行为、物质三个不同的层面。校园体育文化也不例外，校园体育文化的心理要素，也就是校园体育文化的精神、观念层面，也称为精神文化；校园体育文化的行为要素，也就是校园体育文化的行为方式、制度规范层面，也称为行为制度文化；校园体育文化的物质要素，也就是校园体育文化的物质层面，也称为物质文化，包括凝结校园体育文化物质的各种物质财富。对校园体育文化而言，物质文化是其最外表的层面，行为制度文化次之，精神文化是内核。

（二）校园体育文化的结构

1. 精神层面

精神层面主要指学校师生共同形成的体育信念、价值标准、道德风尚和精神风貌，这是校园体育文化的核心和灵魂，是形成校园体育文化的制度层面和物质层面的前提和根源。校园体育文化中有无精神层面或精神层面的优劣，是衡量一所学校能否坚持社会主义的办学方向、能否培养德、智、体、美全面发展的高素质创新人才的标志和标准。

2. 制度层面

制度层面主要指对学校师生和学校体育组织产生规范性、约束性影响的部分，它集中体现了校园体育文化的精神层面和物质层面对个体行为和群体行为的要求。制度层面主要是规定了学校成员在体育教学及其他群体活动中所应遵循的行为准则。例如《国家学生体质健康标准》实施制度、体育课程教学计划设置制度和考评制度、"三好学生"和"奖学金"评定制度中对体育的要求规定等。

3. 物质层面

物质层面是校园体育文化的表层部分，是形成精神层面和制度层面的条件，从物质层面中往往可以折射出学校体育的价值观念、德智体美全面发展的高素质创新人才培养的人才培养观念等，它是校园体育文化的物质载体和凝聚体。例如，学校体育场馆设施的建设状况、学校体育经费的投入情况、学校体育活动的档次和规模等。

三、校园体育文化的特点

校园体育文化作为校园文化的重要组成部分，在促进学生素质教育和精神文明建设等方面具有特殊的地位和作用，具有深刻内涵、丰富外延和时代性、开放性、竞争性、方向性等特点。

（一）时代性

任何文化都是时代的产物，都在一定程度上反映时代本质的特征，同时又随着时代的发展、前进而不断地演化自己的形态。在校园体育文化的形成和发展中，内容与形式都受到一定时代的政治体制、经济体制、教育体制以及社会结构、文化风尚等制约。校园体育文化作为校园文化的一部分，其内容与形式也受到一定的政治体制、经济体制、教育体制、社会结构和文化风尚等方面的制约，反过来它又为一定的政治、经济服务。例如，20世纪50年代我国倡导全民健身、贯彻劳卫制、在校学生的体育成绩要达到等级运动员的标准；60年代中期至70年代末期的"文化大革命"，体育几乎处于瘫痪状态；80年代学习女排热；80年代末至90年代初又掀起足球热。而当今的全民健身计划活动，每一次活动，都深深地影响学校，甚至成为那个特定的时代校园体育文化的主旋律。总之，时代的体育精神特点感染校园体育文化，校园体育文化反映着时代的体育风貌。①

(二) 开放性

校园体育文化是一个开放的体系,广大师生的积极参与决定了它具有其他社团不可替代的作用。通过学校之间、院系之间、学校与社会之间频繁而广泛的、以体育为内容的交流接触,开阔了学生的视野,加深了学生对社会的了解和认识。另外,学校的体育竞赛,通过各种形式和媒体向社会展示了学校的综合实力、办学水准和精神文明建设的成就,不仅树立了学校良好的社会形象,而且对家庭体育、社区体育和整个社会体育的内容、形式和风气产生直接或间接的影响,对全社会的文明素质产生一定的积极意义。

(三) 竞争性

竞争是体育运动的灵魂,也是校园体育文化的核心内容和精髓所在,没有竞争就不可能有发展和进步。不断创新、变革、竞争是现代体育的主要特点,校园体育作为现代体育的一部分也具有竞争的特点。

(四) 方向性

高等教育的目标是培养德、智、体、美全面发展的,有理想、有道德、有文化、守纪律,适应社会发展的高层次人才,这就决定了高校校园体育文化必须服从和服务于这个目标。高校体育必须按高等教育培养合格人才的需求去建设校园体育文化,提倡科学、健康、文明的体育活动,开展高品位的校园体育文化,引导学生从自身的特点出发,大胆地开展校园体育活动,让他们有自我表现、自我教育、自我管理、自我提高的场所和体验。同时,激发大学生科学地进行体育健身,树立正确的人生观、道德观,弘扬爱国主义精神,使校园体育文化朝着健康、文明、正确的轨道发展。②

四、校园体育文化的功能

校园体育文化作为一种特殊的社会文化,是学校在长期的教学实践过程中逐步形成的,更是在广大师生直接参与和精心培养下发展起来的。它对改善学生的智能结构,加强学校与社会的交往,传承人类社会的文明,提高学生的积极性、主动性和创造性,促进教育改革的深入发展具有特殊的地位和作用。

(一) 育人功能

校园体育文化担负着育人的责任。丰富多彩、健康活跃的校园体育文化有促进学生的体育知识、体育技术、体育技能的学习,扩大学生的知识领域,锻

---

① 马万凤,徐金华,夏小平等.试论高校校园体育文化的特征及其功能 [J]. 北京体育大学报,2003,26 (4):508~510.

② 蔡云. 高校校园体育文化的特点与建设初探 [J]. 山东体育科技,2004,26 (3):78~79.

炼学生身体素质、身体机能、身体能力、自我锻炼能力及独立思考能力的作用，为学生个性充分展现创造了理想的环境和条件，有利于增强学生的自信心和社会活动能力。

（二）健身功能

学校体育运动不仅能改善和提高学生中枢神经系统的工作能力，而且能保持学生清晰的思维和良好的记忆能力。大学生处在身体发育的较为关键时期，在体育锻炼的过程中，血液循环加快，心脏功能提高，可以使呼吸系统功能得到改善，促进骨骼、肌肉生长发育。

（三）娱乐功能

在校园里，繁忙的教学工作、紧张的学习，使师生感到焦虑和疲劳，而放松情绪、消除疲劳的方法莫过于校园体育活动，它可以使人们在身心上得到娱乐。丰富的校园体育文化内容，不管是竞技项目还是休闲项目，普遍都带有浓厚的娱乐色彩，这正迎合了师生的生理、心理特点和文化的需要。在这些活动中，可以使师生暂时忘掉工作和学习的烦恼，缓解焦虑和紧张的心理，获得精神的愉悦与自由，保持乐观情绪。通过活动的氛围还能达到陶冶情操、净化心灵、享受生活乐趣的目的，有利于人们身心和谐、健康地发展。[①]

思考题

1. 健康的含义是什么？
2. 体育锻炼怎样促进大学生的健康？
3. 体育教育与健康教育的关系？
4. 国家对普通高校体育教育的要求有哪些？
5. 如何营造积极的校园体育文化？
6. 校园体育文化有哪些特点？
7. 校园体育文化的功能表现在哪几个方面？

---

① 周野. 校园体育文化探析［J］. 科技信息，2007（32）：41.

第二章　乒乓球运动与健康

章前导言

乒乓球运动自传入我国以来，以其独特的趣味性和健身性，真正成为一项国民齐参与的大众运动。乒乓球运动在我国的火热开展，不仅因其趣味性适合国民口味，很大程度上还源于它对参与者的身体健康、心理健康及社会适应能力有显著的促进作用。本章将介绍乒乓球运动对身体健康、心理健康和社会适应能力的促进作用，使学生了解乒乓球运动对促进健康的积极效应。

学习目标

1. 了解乒乓球运动对身体健康的促进作用。
2. 了解乒乓球运动对心理健康的促进作用。
3. 了解乒乓球运动对提高社会适应能力的价值。

关键词

乒乓球运动　身体健康　心理健康　社会适应能力

第一节　乒乓球运动与身体健康

"体者，载知识之车而寓道德之舍也。"这是毛泽东同志在《体育之研究》中的精辟论述。意思是说：只有身体健康，才能学好科学知识，养成良好的道德品质。乒乓球运动是人们强身健体、延年益寿最有效的锻炼手段之一。它老少皆宜、易于开展，能使练习者在锻炼中提高练习兴趣，在不知不觉中达到提高体能、增加活动量的目的。在飞奔的银球中，人们可以在身心愉悦的心境下，得到意想不到的锻炼效果，使锻炼者的各器官功能得到潜移默化的改善，并在运动中提高自身的综合体育素质。

一、乒乓球运动对心肺功能的影响

（一）心肺功能与健康

心肺功能对于维持人体正常生理机能有着重要作用。肺就像人体内的采购员兼保洁员，它把对人体有用的氧气摄入体内，又将代谢废物二氧化碳排出体外；而心脏就像人体内的大力士，它通过强有力的泵血功能，将富含氧气和各种营养物质的血液输送到人体的各个角落。呼吸系统和心血管循环系统又可以统称为氧气输送系统，人体生命活动所需要的氧气就是通过以上两个系统的功能获得的：呼吸系统将富含氧气的新鲜空气吸入肺内，使氧气在肺泡上的毛细血管内与血液中的血红蛋白结合，而后通过心脏这个泵站的不停运转，将富含氧的血液输送到全身各个器官、组织，为其进行有氧呼吸供能提供原料。

肺的呼吸运动分为两个阶段：一是实现外界新鲜空气与肺泡内废气间交换的过程，称为肺的通气；二是完成新吸入肺泡内的空气中的氧气与血液之间的二氧化碳交换的过程，称为肺的换气。

胸廓的体积以及呼吸肌的力量决定了肺一次呼吸的最大吸气和最大呼气量。尽最大力量深吸气后所能呼出的最大气体量，即肺活量。一般男性的肺活量在 3.5~4 升之间，女性在 2.5~3.5 升之间。肺活量越大，说明肺的通气能力越强。氧气进入肺部后，通过肺泡上的毛细血管与血液进行气体交换，之后结合了氧气而脱离了二氧化碳的血液通过心脏的泵压作用被输送到全身各器官，满足了各组织器官新陈代谢对氧气的需要。

良好的泵血能力是心脏健康的重要表现，心肌的强弱决定了心脏一次泵血的多少，心肌越强一次泵血的量就越多。一个健康成年人每分钟心跳约 75 次，每一次心跳可以向血管中泵入约 70 毫升血液（每搏输出量），每分钟心脏大约可以向血管内泵入 5~6 升血液（每分输出量）。血液的流量决定了血液对人体的营养供应量，在每分钟有限的心跳次数内，心脏每次泵血的量越多，血管中的血流量就越多。其中心脏收缩、血液射入动脉血管内对血管壁形成的压力称为收缩压,而心脏舒张时动脉血管壁受到的压力称为舒张压。健康成年人安静时收缩压为 100~120 毫米汞柱,舒张压为 60~80 毫米汞柱。血压可随年龄和生理状态的变化而变化,而超过或低于所处年龄段的正常血压值都是不健康的表现,会增加其他并发症的发生概率。鉴于心脏在人体中至关重要的作用,世界卫生组织在 1972 年用"心脏——健康的中心"作为"世界卫生日"主题来提醒人们重视心脏的健康。

综上所述,心肺功能决定了人体对氧气的获得量,而在运动时机体对于氧气的需求量会大大增加,这就需要有良好的心肺功能。因此,良好的心肺功能,既是人体健康的标志之一,也是提高人体运动能力的重要基础。

(二) 乒乓球运动对心肺功能的促进作用

促进心肺功能最有效的锻炼方式是进行有氧运动。有氧运动是指人体所需氧气供应充足的体育运动。有氧运动既要求有一定的运动强度,还要求身体所需氧气量与心肺功能供应量达到平衡。为了满足这两个要求,既要做到运动强度适宜,还要让运动持续一定的时间来达到锻炼心肺功能的目的。通常而言,运动强度常用心率作为其量化的指标,同时也是实施运动处方的关键参考数值。一般运动强度应将心率控制在 145~150 次/分钟,运动时间不少于 5 分钟,一般以 15~20 分钟为宜,这时有氧呼吸成为运动过程中提供能量的主要方式,是较为标准的有氧运动。有氧运动可以增大肺的通气量,改善肺泡对氧的摄入能力,促进心肌收缩,强化心脏的泵血能力,加快血液运输氧的效率,由此促进心肺功能。有氧运动采取的强度应根据锻炼个体的体质不同而有所区别。个体在进行有氧运动锻炼心肺功能时,应选择适合自己的运动方式,以自己感觉可以接受的强度进行锻炼,不可盲目地采取高强度的练习项目,否则不但会对身体产生过重负荷,而且会使无氧呼吸变成主要供能源,影响锻炼效果。

知识链接 2-1

长期坚持适宜的体育锻炼,可使心脏的重量和体积增大、搏动有力,使动脉管壁中膜增厚,弹性纤维增粗,平滑肌体积增大,血管壁的弹性增强,有利于血液流动。

乒乓球运动正是一种以有氧运动为主、运动强度区间大而适合大多数人用来锻炼心肺功能的健康运动。乒乓球运动的活动范围较小,避免了强度过大的运动负荷;乒乓球运动是需要调动全身肌肉参与的运动,要求练习者在一定的空间内不停地快速移动和挥拍,达到了锻炼心肺功能的运动强度;乒乓球运动可以持续较长时间，满足了锻炼心肺功能的活动量要求。因此，乒乓球运动是一项能有效提高心肺功能的健康运动。

经常参与乒乓球运动，不但可以锻炼呼吸肌的力量，还可以使胸廓活动度增大，同时使肺有更好地容纳气体的能力。人体在安静或是小强度运动状态下，只需要1/12的肺泡扩张充气就可以满足身体需要，呼吸肌以较小的力量收缩，胸廓也没有达到最大容积，肺的通气能力没有得到锻炼。在进行乒乓球运动时，机体需氧量增加，大部分肺泡充气扩张，呼吸肌有力地收缩，胸廓也扩张到最大容积，非常有利于肺的通气能力的提高，并可以有效防止肺气肿等疾病的发生。有力的呼吸还可以扩大肺泡接触空气的表面积，使肺泡内气体交换量更大，增强肺的换气能力。

在进行乒乓球运动时，人体血液流量较安静时剧增，促使心脏加快泵血的节奏。而在肺器官供应氧气充足的情况下，心肌收缩所需的能量能够通过有氧呼吸充分供应，使心肌能够持续有力地收缩，锻炼了心肌的收缩能力，改善了心脏的泵血功能。

一般来讲，在有氧状态下进行乒乓球运动，人的呼吸均匀，供氧充足，心脏也能在负荷均衡的状态下有规律地工作，而不会出现心悸与气短的现象。在这种轻松愉快的状态下锻炼，人们会感到兴趣盎然，锻炼时间也会不知不觉地延长，人的心肌收缩力得到有效提高，心脏泵血能力大大增强，从而使其他组织器官得到更充足的氧气和营养供应，促使外周组织、器官，特别是骨骼肌的发达，使锻炼者腿脚灵活、反应迅速、思维敏捷。

二、乒乓球运动对肌肉力量的影响

（一）肌肉力量与健康

肌肉力量的大小决定运动成绩的好坏已是共识，但肌肉的强壮与健康的关系却鲜为人知。

导致人体脂肪含量与体重上升的重要因素是基础代谢能力的下降，而人体肌肉的总量与基础代谢能力的高低有着直接的关系。有研究证明，在相同体重的情况下，肌肉含量多的人基础代谢率明显较高，每天可以消耗掉更多的脂肪。所以脂肪含量多的人每天又会储存较肌肉含量多的人更多的脂肪，形成恶性循环。脂肪比例的增加会给人体健康带来不利影响。为了减肥，许多人用药物抑制脂肪的增加，更有甚者不惜虐待自己而用过度节食的办法来减少脂肪的摄入。这样的方式极不利于人体健康，而且药物减肥和过度的节食还会引发各种疾病，造成营养不良、皮肤松弛、衰老加速等，与健康背道而驰。

拥有良好的肌肉力量，可以在运动中增加完成动作的速度和力度，增大活动范围，也就增加了运动量，加快了脂肪的消耗，使身体更加健壮，皮肤保持弹性，使身体获得良好的健康状况。

（二）乒乓球运动与肌肉力量

人的力量有很多种，如表2-1所示：

表2-1 力量的分类

按力量相对关系分类	按表现形式分类	按肌肉的工作方法分类
绝对力量	速度力量	静力性力量
相对力量	耐力力量	动力性力量
		重量性力量
		速度性力量

我们紧攥拳头同时屈前臂时，在上臂前面隆起的肌肉就是收缩的肱二头肌。人体的各种运动都是通过肌肉的收缩和舒张来驱动骨骼与关节而实现的，肌肉与骨骼由肌腱连接。每块肌肉是由许多条肌束构成的，肌束又是由许多条肌丝组成。肌肉的收缩正是通过肌丝的相互滑动来实现的，肌丝相互重叠部分的增加表现为收缩，重叠的部分减少则表现为舒张。肌肉的收缩是一个消耗能量的过程。

肌肉力量的增加主要是通过锻炼来实现的。在乒乓球练习过程中，要求锻炼者不断进行移动与还原，而每完成一个动作所涉及的肌肉有很多块，包括上肢、下肢、头部、腰部等，每一个动作所涉及的肌肉都要经过收缩与舒张两个阶段。乒乓球练习过程是成千上万次的反复运动过程，所以肌肉也就会经历成千上万次的锻炼。

除此之外，肌肉的主动收缩与舒张会对附近的血管进行反复地挤压、扩张，这种作用会帮助血管中的血液流动，大大增加肌肉中的血流量，从而加速带走肌肉的新陈代谢废物，输送更多的氧气和养料。长此以往，就会使肌纤维中的蛋白质增加，使肌肉变得粗壮有力，提高肌肉的质量，使肌肉收缩时的速度力量大大增强，不但有利于乒乓球技术水平的提高，更有利于健康。

知识链接2-2

体育运动对肌肉形态结构的影响

1. 促使肌肉体积增大。
2. 促使肌纤维中线粒体数目增多、体积增大。
3. 引起肌肉内化学成分的有利变化。

三、乒乓球运动与灵敏性的提高

(一) 灵敏性对健康的影响

灵敏性是身体素质中的重要内容。灵敏性是大脑分析能力与对机体的控制能力高度发展的集中体现，它与脑和神经内生物电化学信号的传导速度有很大关系。对灵敏性产生影响的生理因素有：大脑皮质神经过程的灵活性、运动分析器的功能、前庭分析器的机能等。

> **知识链接2-3**
>
> 由简单到复杂活动的完成，实际上是人体各器官、系统相互协调地进行复杂的功能活动的结果，而这种复杂功能活动又依赖于神经系统的支配和调节。

一个人的灵敏性，表现为当外界条件突然发生变化时，能否迅速对其作出准确的判断，并在最短的时间内作出反应的能力。这种能力取决于人体运动分析器感应外界刺激后反应的速度，传导的灵活性、快速性和准确性以及肌肉收缩的协调性与节奏性等。熟练而准确地完成一个动作，是某一支配运动器官的神经中枢被反复刺激的结果，也是神经中枢综合分析能力高度完善的结果。也就是说，要使一个动作迅速而准确地完成，必须经过反复的练习。练习的次数越多，动作也就越熟练，技术运用也就越自如、越有表现力，从而在灵敏度方面表现出较高的素质。

良好的灵敏性代表着人体神经系统的感应、效应功能处于较高水平，表明运动器官具有良好的被控制力和工作能力。良好的灵敏性在我们生活中具有重要的作用：良好的反应速度可以带来工作效率的提高；而面对一些突发事件（火灾、地震等）时，良好的灵敏性能帮助我们化险为夷。

一个从少年时期利用体育锻炼接受灵敏性训练的人，到了中年和老年时期同样能在同龄人中保持较高的灵敏性水平。而在中老年时期灵敏性差的人，其神经系统反应迟钝，易出现精神不振、反应迟缓、动作不协调、身体易失控等问题。因此，灵敏的反应能力会使人保持健康向上、青春阳光的精神状态。

(二) 乒乓球运动对灵敏性的影响

灵敏素质不是与生俱来的，它需要在长时间的运动锻炼中，通过对神经中枢的反复刺激、锻炼，逐步提高对空间和时间的感觉能力，从而提高自身的灵敏度。同时，灵敏度的提高与肌肉力量的提高也有着密不可分的关系，不同项目中的灵敏性表现不同。比如一个优秀的篮球或排球运动员，在其从事的运动中表现出了良好的灵敏性，但让其拿起乒乓球拍打乒乓球时，就不一定那么顺手,甚至是球到身边才反应过来。这种现象说明了灵敏素质的不可相互替代性。

参与乒乓球运动,会在长期的锻炼过程中不断刺激人们的视觉与听觉反射弧,使神经反射弧中的感受器对物体的敏感性增强,从而使传入神经中枢的信号得到增强,进而提高锻炼者的灵敏性。相关研究表明,一个乒乓球运动员对来球的速度、落点及旋转性能作出准确而及时的判断,根据各种情况迅速作出反应的时间在 0.3~0.5 秒之间。在所有运动项目中,乒乓球运动员的反应速度最快,灵敏性水平最高。所以,乒乓球运动是使人们提高反应速度和灵敏性水平的最佳运动项目。

灵敏素质的提高与年龄有很大的关系,灵敏性提高的速度与幅度随年龄的增大而减小。少年儿童时期是神经系统发育最快的时期,也是提高灵敏性的黄金时期,青年阶段同样具有一定的潜力。因此,在大学中开展乒乓球运动教学对提高在校大学生的灵敏素质有着相当大的促进作用。

四、乒乓球运动对身体健康的其他功用

(一)可以预防近视

当今大学生由于学业繁重,不得不将大量的时间用于读书、做题上,眼睛长时间与书本保持较近的距离,眼睛长期处于高度紧张状态,外加对视力保护不到位,不注意用眼卫生,"近视眼"便成为大学生中的一种普遍现象。近视者为了看清事物不得不配戴眼镜,否则就会影响对事物的判断;而戴上眼镜又会限制如体育锻炼等许多活动的进行。缺少体育锻炼对提高学生的身体素质会造成很大阻碍,而戴上眼镜进行体育锻炼又经常是很危险的行为。种种尴尬表明,近视对生活方式有着非常不利的影响。

进行乒乓球运动能够预防近视是有科学依据的。造成近视的主要原因是眼睛疲劳。长期与工作对象近距离接触,由于晶状体总是处在高度紧张的状态,很容易引起眼睛过度疲劳。长此以往,看近处物体时人的两个眼球会聚向鼻根方向,使眼外侧肌肉压迫眼球,眼轴就会慢慢变长,形成近视。

进行乒乓球运动时,双眼必须紧紧盯着穿梭往来、忽远忽近、旋转多变的快速来球,使眼球不断回转,眼球周围的肌肉的反复收缩、舒张促进了血管的收张,使血液循环增强,眼球及周围的肌肉会从血液循环系统中得到更多养料。另外,来球时,精神高度集中,会促使大脑神经中枢得到锻炼,传导神经更加灵敏,眼神经机能得到提高,因而能起到消除或减轻眼睛疲劳、预防近视的作用。[①]

[①] 孔博,王婷. 浅析乒乓球运动在终身体育中的推广 [J]. 体育世界·学术, 2009 (3): 48.

(二) 可以促进身体协调性

人体的协调性取决于人体全身肌肉的收缩、舒张状态。协调性包括人体的平衡能力和非常规部位下的行动能力。脑干是控制人体平衡的神经中枢，它通过调节各肌肉的收缩、舒张程度，使人体保持相对的平衡。协调性不佳的人，肌肉配合会缺乏合理性，在平时生活中难以完成许多动作，如过独木桥、滑冰等。锻炼协调性对提高人体的行为能力会起到重要作用。

乒乓球运动具有球体小、球速快、旋转变化多、技巧性强的特点。在乒乓球比赛中，乒乓球的飞行速度可达20米/秒。在乒乓球活动过程中，运动员不仅需要迅速准确地判断对方来球的速度、旋转、落点以及战术意图，而且要迅速、果断地进行决策，并采用相应的击球技术进行还击，这就要求运动员判断快、起动快、步法移动快、出手击球快、动作还原快以及战术决策快等。乒乓球运动参与者在不断地迎击来球时，会利用身体肌肉的收缩与舒张的配合来完成击球动作，在肌肉反复的配合中掌握肌肉收缩与舒张的合理顺序和时机，形成迅速、高效的人体动作，这种配合就体现了人体运动的协调性。

在乒乓球活动过程中，需要参与者不断地改变身体的重心和姿势，人体要达到平衡站立的状态就必须利用脑干中控制身体平衡的神经中枢和全身的肌肉配合，使人体在这种运动中反复完成不同的保持身体平衡的体位，从而增强脑干对平衡的控制功能以及肌肉配合完成工作的协调功能，从而提高人体协调性。

第二节　乒乓球运动与心理健康

随着社会的进步和科学研究的发展，人们对健康的定义也在不断改变，"健康"不断地被赋予新的含义。一个人的健康不单纯是指身体上的，也包含了心理的健康。心理健康的人，才能在生活中表现出健康的行为，做到"形具而神生，好、恶、喜、怒、哀、乐藏焉"（荀况·《天论篇》）。

一、心理健康的标准与保持

（一）心理健康的含义

心理健康是一个极其复杂的动态过程，涉及人的生理遗传、生活环境和社会环境错综复杂的变化，所以，围绕心理健康概念的表述也不统一。心理健康是指人类的一种心理状态，即人的内心世界安全、稳定、随和，有充分的自信心，对外界环境能以社会上公认的形式进行判断和应对，对于是非曲直能有自己鲜明的立场和态度。也就是说，无论遇到任何困难和阻力，心理上都能沉着稳定和充满自信地以社会公允的行为准则去克服，凡是具有这种心态和勇气的心理状态，即是健康的心理。

（二）心理健康的标准

1. 马斯洛的心理健康标准

（1）有充分的自我安全感。

（2）能充分了解自己，并能对自己的能力作出恰当的评价。

（3）生活的理想和目标切合实际。

（4）不脱离周围现实环境。

（5）能保持人格的完善与和谐。

（6）具有从经验中学习的能力。

（7）能保持良好的人际关系。

（8）具有适度的情绪表达与控制能力。

（9）在不违背集体意志的前提下，能有限度地发挥个性。

（10）在不违背社会规范的情况下，能适当地满足个人基本需要。

2. 世界卫生组织（WHO）提出的心理健康标准

（1）具有健康心理的人，人格是完整的，自我感觉是良好的，情绪是稳定的，且积极情绪多于消极情绪；有较好的自我控制能力，能保持心理平衡；自尊、自信、自爱，而且有自知之明。

（2）一个人在自己所处的环境中，有充分的安全感，能保持正常的人际关系，能受到别人的欢迎和信任。

（3）心理健康的人，对未来有明确的生活目标，并能切合实际地不断进取，有理想和事业上的追求。

3. 我国的心理健康标准

（1）对自己有正确的认识和恰当的评价。

（2）正视现实并对现实环境有良好适应。

（3）建立和谐的人际关系。

（4）热爱生活，献身事业。

（5）保持健全的人格。

（6）能协调情绪，保持良好的心境。

尽管对心理健康的评价标准不尽一致，但是在认知能力正常、情绪稳定、健全的个性、良好的人际关系、充足的自信心和耐受力等方面，大家的认识得到了统一。

（三）影响心理健康的因素

人既是自然个体，也是参与社会活动的成员；既要进行自身的新陈代谢，也必须适应周围的各种环境。人只有在生理上和心理上不断地调节自身来适应周围环境的变化，才能有健康的生活态度和积极向上的进取精神。通常，周围环境的各种刺激都会诱发人产生生理和心理上积极或消极的变化，这取决于个体对刺激的认知、评价和情绪体验以及对它的应答能力。因此，应从人的主观因素和客观因素来寻找影响人心理健康的因素。

1. 遗传和生理因素

人的心理活动不是遗传的，主要是在后天的社会生活环境影响下和在社会实践活动过程中形成和发展起来的。但是，一个人的气质、能力、性格和神经系统的某些特点会明显地受到遗传因素的影响。

另外，一个人生理结构的损害会引起人不同程度的心理异常。如甲状腺机能紊乱会导致心理异常及智力、性格的发展异常；微生物感染所导致的脑炎、中枢梅毒等造成神经系统的损害，可导致器质性心理障碍或精神失常，并可阻抑儿童心理与智力的发展。

2. 心理和社会因素

随着社会的发展，影响心理健康的心理和社会因素变得复杂多样。其中影响较大的有家庭环境与早期教育、生活事件和环境变迁、都市文化、心理冲突与不良人格特征等。

（1）家庭环境与早期教育。家庭是影响个体早期心理健康的重要因素。早期母婴关系和稍后的儿童与父母关系，会对儿童长大后的人际交往和社会适应能力产生很大影响。特别是在儿童早期，与父母建立和保持良好关系、接受正确的早期教育，会对儿童日后的心理成熟产生积极的促进作用。相反，就会产生消极影响。

（2）生活事件与环境变化。人们在日常生活中会遇到各种各样的社会生活变动（生活事件），如考试、升学、亲人病故等。这需要个体付出很多的时间和精力去调整和适应因这一事件所带来的生活变化，慢慢减轻精神压力。生活事件造成的精神变动越强烈持久，对心理和生理平衡的影响就越大。环境变迁也是重要的生活事件，它需要一系列的适应过程。

（3）都市文化。都市文化在促进工业发展、商业繁华的同时，也必然导致人口密度增加、住房条件恶化等一些问题。由于繁杂的人际关系、噪声、交通拥挤等影响，人们往往会产生一些烦躁情绪。而随着人与人之间交往的减少，焦虑、恐惧、寂寞等不良情绪的发生几率也会大大增加。

（四）培养健康的心理

确定心理健康的标准或分析一个人的心理活动是否符合心理健康的标准是容易的，然而培养一个人的健康心理却是十分困难的。所以，对如何培养或者说通过什么措施培养人的健康心理进行研究，是十分必要的。

1. 正确的人生观是培养健康心理的基础

一个人能否以乐观进取的态度面对人生，决定着他的人生目标、人生价值和人生态度。在现实社会中，不可能出现世外桃源的情景，接踵而来的残酷现实、不公的社会问题、反复的希望与失望……都是每个人无法回避的。我们应以乐观进取的人生态度，冷静思考自身所处的环境及周围所发生的事情，理智应对，把眼光从"自我"移向社会，按照社会的现实要求和一般处事方法来学习和生活。通过增强竞争意识，提高竞争能力，扩大社会视野，丰富社会阅历，主动、自如地适应社会，保持正常的心态，避免心理的失衡。

2. 形成正确的理想观是培养健康心理的保障

理想是人生的动力源泉和精神支柱。崇高的理想，可以点燃人的激情，发挥人的才智，激发人的潜能和价值。"一个人追求的目标越高，他的才力就发挥得越快，对社会就越有益，我确信这也是真理。"高尔基的这段名言是对理想作用的精辟概括，闪烁着真理的光辉。崇高的理想，会使人在黑暗中看到光明，在平凡中看到伟大，在困难挫折面前充满信心，在暂时失败中坚信胜利，使人成为坚强的人。

生活理想和职业理想与现实生活的差异，一天一天地改变着我们的信念、动摇着我们的信心、影响着我们的情绪，使我们激昂、悲观、振奋、彷徨……这些心理变化，直接影响着我们的健康。所以，形成正确、合理的理想观，不仅能够让我们更清晰地看清目标，还能让我们避免产生多余的悲观情绪。

正确的理想观是培养健康心理的保障。

3. 具备良好的人际交往能力是培养健康心理的有效途径

人际交往是一种以个人为对象，彼此联络感情，协调关系，寻求心理需求满足的活动方式和活动过程。纷繁复杂的人类社会是人际关系耦合而成的网络系统，而人际交往是将个人与个人、个人与群体联结成社会网络必不可少的纽带。正常的人际交往不但可以学习到崭新的知识、技巧，获得他人的支持和帮助，还可以减轻失望的痛苦和悲伤，驱散心灵的迷茫和仇恨！因此，不断提高个人的人际交往能力是培养健康心理的有效途径。

4. 要掌握一定的心理学知识，提高自控能力

通过学习掌握一定的心理学知识，懂得心理健康的理论，努力培养自己健康的心理，培养坚定、顽强、乐观、开朗的性格，调节控制自己的情绪、情感。

古人云："人生挫折十之八九。"这说明在个人的生活旅途中，遇到挫折的概率是很大的。如果我们过高估计自己的优势，盲目乐观，对遭受挫折的适应能力较差，很容易造成心理障碍。所以，面对挫折，要保持清醒的头脑，调动自己的心理防御机制，缓解和排除因挫折引起的不良情绪的困扰，以减少内心的痛苦，恢复心态的平衡与稳定。

在生活中，不论是遇到幸事还是挫折，都要利用心理学知识和技巧科学调

控自己的情绪，做到遇幸不妄喜，遇挫不深悲，努力培养自己稳定、健康的心理，提高自控能力。

5. 积极参加体育活动，增强身体素质

身体是心理的载体，健康的心理寓于健康的身体之中，健康的身体是保持健康心理的物质前提和保证。反之，身体疾病带来的痛苦则会对人的心理健康产生消极影响，造成人的情绪低落、消沉、冷漠。当然，情绪波动引起的心理疾病也会导致身体疾病的发生。

积极投入体育活动，增进身体健康，不仅是对自身生理功能的改善，还能通过健康的生理感受来改善情绪，从而达到身心健康共同进步的目的。

（五）大学生常见的心理健康问题

1. 大学生常见的心理障碍

处在青年时期的大学生，由于心理发展还处于不平衡、不稳定的时期，承受挫折、困难和适应环境的能力都比较差，容易形成心理障碍。当自己无法排解心理矛盾，并且这种心理矛盾作为一种恶性刺激不断对自身产生消极作用时，心理障碍和心理疾病就会形成。

常见的大学生心理障碍主要有4种：情绪情感障碍、认知障碍、性敏感障碍和意志障碍。

2. 大学生常见的心理疾病

大学生常见的心理疾病主要有以下几种：

（1）神经官能症。神经官能症常见的症状主要有焦虑症、神经衰弱、强迫性神经症、多疑症、恐惧症、癔症等。

（2）人格障碍（也叫病态人格）。所谓人格障碍是指人格发展的内在不协调，偏离了正常的人格发展轨道。它是在没有认知障碍的情况下出现的情绪、情感反应。人格发展的内在不协调可以表现为理智活动和本能活动发展的不协调，也可以表现为抽象思维和形象思维之间发展的不协调，还可以表现为认知能力、情绪反应和意志行为三个方面的心理活动发展的不协调。大学生中的病态人格主要有以下几种：偏执型人格、依赖型人格、自妄型人格（自恋型人格）、退缩型人格、反社会型人格（无情型人格）、孤僻型人格等。

（六）心理的自我调适与心理咨询

有了心理障碍或心理疾病，必须及时医治。否则，久而久之，就会加剧病情，进而影响身体健康、学习和工作，甚至导致轻生的严重后果。消除心理障碍的途径有两个：一是依靠自我调适，二是通过咨询心理医生进行诊治。

1. 自我心理调适

所谓心理的自我调适是指根据自己心理情况的变化，及时调整心理状态，以达到心理平衡、解决心理矛盾、消除心理障碍的方法。进行心理自我调适的方法主要有转移视线法、自我解嘲法、自寻开心法、端正认识法、破除假想法、倾诉法、放松法、宣泄法等。

> **知识链接2-4**
>
> 心理防御机制
>
> 人在遇到心理挫折时，一般会产生某种不利的心理反应，并会设法摆脱这种心理反应，以自己独有的方式去做解释令自己接受，以减少内心的不安，逃避对自己的否定，保持心理平衡。这种用合理的方式解除各种内心冲突、减缓心理紧张、保持自己同外部世界平衡关系的自我保护倾向，就叫心理防御机制。

2. 心理咨询

心理咨询是指心理学专家帮助咨询者解决心理上的疑难问题，从而解脱其心理上的苦恼，提高其应付各种事情的能力，改善其人际关系，以提高其适应周围环境的能力，促使其身心健康、实现心理平衡的方法。如果一个人通过心理自我调适后，仍无法解脱心理的焦虑和痛苦，心理仍无法恢复平衡状态时，就应及时地求助于心理咨询机构，通过心理咨询的途径来减轻和消除心理障碍或心理疾病。

> **知识链接2-5**
>
> 大学生异性交往及其类型
>
> 大学生异性交往中，有的适度，有的过分，有的拘谨，有的大方。归纳起来，有5种类型：害怕羞怯型、一般交往型、健康友谊型、狂热交往型、恋爱追求型。

（七）加强人格修养锻炼，培养高尚的人格

大学生正处在青年期，是身体和心理变化最显著的时期，身心的迅速发展给人格的许多方面带来了很大变化。人格是社会化的产物，受到社会环境的极大影响，因此，在不同的社会文化背景下，人格的发展是不一样的。目前，我国的社会环境正在发生着巨大的变化，人们的价值观念、思想观念正在更新重组。在这样一个特定的历史时期，受社会环境因素的巨大冲击，大学生的人格进行着新的分化和组合，他们的思想意识也在经历着前所未有的转变。

> **知识链接 2-6**
>
> 人格的含义
>
> 人格主要指的是一个人的性格，是某一特定个体的行为特性。
>
> 人格代表着一个人做人的尊严、价值和品质，是一个有自我意识的自我。
>
> 人格是一个人给其他人造成的总的印象，是一个人的社会面具。
>
> 由以上三点可以认为，人格是个体有一定的价值倾向的、有特色的自我，是具有相对稳定性的特制结构，是个人的价值和品德的总和。

当代大学生应建立起一种什么样的人格呢？改革开放是当今我国的主旋律，建立社会主义市场经济是我国经济体制改革的目标，知识经济正在向我们走来。在这样一个大的时代背景下，不辜负时代赋予我们的职责，勇敢地迎接市场经济和知识经济的挑战，培养大学生"进取型"、"协调型"的人格，是当今社会对大学生人格的理想要求。因此，当代大学生应朝着这个方向来塑造自己的人格。

那么，大学生应当怎样塑造"进取型"、"协调型"的人格呢？具体地说，要做到以下几点：①要使自己的人格具有进取性、创造性、协调发展性的时代特点；②做到人格诸要素的和谐发展；③追求真善美的统一，摒弃假、恶、丑；④努力学习文化知识，吸收人类文明的优秀成果；⑤塑造自己独特的个性；⑥自尊自爱；⑦学会"慎独"与"内省"。

总之，高尚人格的塑造既有赖于客体社会环境的发展，更有赖于主体的自觉性和能动性。

二、乒乓球运动对心理健康的促进

> **知识链接 2-7**
>
> 心理过程是指人的心理活动从产生、发展、变化到完善的过程，它是极其复杂而又时刻变化不定的。可以把复杂的心理过程分为若干确定的领域，最普通而又简单的方法是根据心理过程的形态和作用，把它分为认识过程、情感过程和意志过程。

（一）乒乓球运动的"健心"作用

人们经过乒乓球锻炼之后，感到身心愉悦，神清气爽，"身"就是身体，而"心"就是心理、心情，通俗地讲就是精、气、神。这是一种只有经过锻炼之后才会有的心理感受。现代奥运之父顾拜旦在他的著作《体育颂》中就热情洋溢地赞美体育是"勇气",是"乐趣",能使人"内心充满欢喜","思路开阔","条理更加清晰","可使忧伤的人散心解闷,可使快乐的人生活更加甜蜜"。因此,乒乓球和其他体育项目,在起到健体作用的同时,对于健心同样有着积极的意义。

(二) 乒乓球运动与智力发展

虽然乒乓球运动对于智力的影响是间接的,但却是有着重要的积极意义。经常进行乒乓球锻炼,不仅可使锻炼者的注意力、记忆力、思维能力及反应能力得到提高,而且还可以对其情感和性格的健康起到积极的促进作用,这种全面而平衡的发展对智力的发展有着极大的推动作用。

> **知识链接 2-8**
>
> 一切学习活动都是由一定的动机引起的,学习动机是推动学生学习的一种内部动力,是激励学生从事学习活动的主观动因。

大学生在学习过程中,如果有着强烈的求知欲望和对新知识的探索精神以及对学习内容的融会贯通能力,那么这种学习过程就是令人兴奋的、愉悦的和有成效的。这种愉悦、健康的学习体验能够强化人的智力活动,促进人的智力发展。乒乓球运动正是如此,参与运动的大学生如果对乒乓球运动有着强烈的参与欲望,喜欢钻研乒乓球技术,在打法和战术上乐于开拓创新,对比赛的胜利有着执著的热情,那么他在享受乒乓球运动为他带来身体健康的同时,也享受到了愉快而兴奋的积极生活,这种健康、快乐的学习体验能够促进人的智力发展。

乒乓球运动对于心肺功能有着积极的作用,可以使大脑获得更多的氧气和养分,有利于提高大脑的工作效率。经常参加乒乓球锻炼,还可以提高神经系统的调节能力,提高神经兴奋性和神经传导速度,改善神经过程的灵活性和均衡性,使兴奋与抑制转换更加合理、中枢神经系统内信息传递和整合的速度加快,从而使人思维敏捷,进而达到提高锻炼者智力的目的。

(三) 乒乓球运动与情感体验

进行乒乓球锻炼的过程,就是保持和培养良好情感的过程。研究发现,有紧张情绪的人只要散步 15 分钟,就会使情绪逐渐松弛下来。其原因就是运动可以增加脑部血流量,促使体内"内啡肽"的释放,而这种物质的释放可以促使体内产生愉悦的感觉,进而改善人的情绪。经常参加乒乓球锻炼,可以在练习中不断得到心理满足,在与他人的交流中忘记烦恼,缓解压力。在全身心地投入后会产生快乐向上的情绪,而这种积极的情感又会促进乒乓球技术的提高，技术的提高又会进一步增加练习的质量，这种良性循环会不断强化练习者的求知欲和自信心，进而在保持良好情感体验中更好地完成学习和工作，提高效率。

（四）乒乓球运动对意志品质的改善

意志品质是一个人在遇到一次次挫折和克服困难的过程中所形成的性格定式，同时又在遭遇挫折和困难时表现和释放出来。通俗地讲，意志品质是指一个人坚忍不拔、果敢顽强、自我控制和约束以及独立自主等精神。参加乒乓球运动的过程，就是不断克服困难、超越自我的过程，是一次次跨越障碍走向成功的过程。在这之中，练习者需要不断地克服来自主观（如疲劳、伤病、畏惧等）或客观（如自身条件、器材因素等）的种种困难和障碍，勇敢面对，努力排除，从而培养坚强的意志和百折不挠的品质，并使其反过来作用于工作、学习，从而在困难面前表现得更加坚韧，斗志更加昂扬。

（五）乒乓球运动与抵御心理障碍的关系

身心健康是做好一切的保障。一个人不仅要身体健康，也要心理健康，两者是一个不可分割的统一整体。如果一个人的心理整日被焦虑、忧愁、愤怒和恐慌的情绪所笼罩，就势必会影响他的行为、情感和思维方式。这些不健康的心理，会使人在社会交往中出现问题，甚至走向犯罪。实验证明，长期坚持体育运动，可以明显降低抑郁症的发生率。经常参加乒乓球锻炼，可以不断提高练习者的情感体验、调整情绪、消除心理障碍、改善人际关系。同时，还能不断地增强其思维方式的合理性，促进其良好心理品质的形成。因而，在锻炼身体素质的同时，可以完善心理素质，达到身心健康的目的。

当然，大学生应根据自己的兴趣爱好，选择丰富多样的锻炼方式。在愉悦的心境中进行锻炼，会最大限度地达到促进身心健康的目的。

三、乒乓球运动与应激

（一）应激

应激是由出乎意料的紧急情况所引起的一种十分强烈的情绪状态。当人们遇到突然发生的危险或突然出现的事件时，为了应付这种瞬间变化的紧急情况，就必须果断地做出决定并采取行动，而应激正是在这种情境中所产生的内心体验。例如，一个人在行走过程中突然被绊了一下，为了应对这种突发状况，他就会调动全身的潜力，根据经验作出判断并果断采取措施，以最敏捷的动作调整自己的身体状态以免摔倒，此时人的机体就处于应激状态。

（二）乒乓球运动与应激控制

由于乒乓球运动快速、敏捷的特点，所以练习者在锻炼过程中会经常处于应激状态，以保证对瞬息万变的来球作出最快速、准确的判断和应对。长期重复这种练习,会提高人在紧急情况下调动整个机体的能力,提高有机体的激活水平,增强在紧急状态下的反应能力。经常进行乒乓球锻炼,还可以提高在复杂情况下的判断、分析能力以及解决问题的能力,从而提高面对困难和突发事件的应对能力。

应激水平的差异与个人的个性特征、知识经验和意志品质均密切相关。面对应激状态时,有人惊慌失措、浑身发抖、肌肉紧张、活动受限,而有的人却沉着果敢、应对自如。只要在实践中注意培养应变能力,并多加锻炼,就能逐渐提高对紧急事件的应对能力。

四、提高心理健康的乒乓球运动锻炼方法

大学生在校期间不但需要健康的体魄,更需要有健康的心理状态。这一点不但是学习科学文化知识、接受大学教育的前提,而且也是人在一生中迎接工作、生活中的困难和挑战的必要条件。随着社会的迅猛发展和生活节奏的不断加快,来自各方面的竞争越发激烈,就业形势不断严峻,使得在校大学生的心理负担越来越重。因此,高校教育需要采取必要的形式,使学生掌握正确的应对压力的方法和进行自我调节的手段。参加乒乓球运动就是一种保持心理健康的有效途径。

下面介绍几种调节不良心理状态的锻炼方法:

(一)活动调节法

当一个人心情焦虑或是情绪低落时,可以通过选择乒乓球锻炼或其他锻炼手段(如慢跑、慢走和健身操等),来提高大脑的兴奋性水平,改善自身的情绪状态,使抑郁的情绪在进行乒乓球锻炼后逐渐地排解或是淡忘。科学证明,精神的放松有助于缓解焦虑所引起的不适。而乒乓球运动恰可在活动身体的同时放松紧张的情绪,从而使身心慢慢进入一种自然放松的状态中,使锻炼者恢复到良好的生活、学习状态中。

(二)呼吸调节法

这是一种在呼吸过程中通过深吸慢呼的方法来消除紧张、使波动的情绪逐渐趋于稳定的放松手段。进行时,可坐可站,双目微闭,心境坦然,用鼻呼吸;吸至肺脏充盈,无法再吸入更多气体时,屏住呼吸约3秒钟,而后缓慢呼出,将肺内气体吐尽后再停3秒钟。这样,将注意力集中于呼与吸,并保持自然放松,意识中除呼吸外无其他任何事物。重复数次后,紧张情绪就会自然消失。如在赛前为了放松情绪,运动员或微闭双眼,或展目远眺,深深吸气,将胸廓充满。稍作停息后,再将满胸气体均匀吐出,反复几次,会使紧张的精神慢慢松弛下来,以正常的状态迎接挑战。此方法特别适用于体育比赛前或考试、面试前紧张情绪的排解。

（三）肌肉控制法

通过合理的步骤，使肌肉逐渐得到放松，并运用正确的方法，使放松者的身体在此过程结束后感到轻松、愉快，这就是肌肉控制法。如用右手用力紧握自己的左手，渐渐地使出最大的力量，然后再渐渐放松，而后再换用左手紧握右手，方法同上；还可将一只脚用力向上勾起，而后再慢慢放下，然后换用另一只脚重复刚才的动作。锻炼中可以屈伸交替进行。通常，赛前情绪紧张时会导致肌肉收缩，严重时还会出现痉挛。大家经常看到比赛前运动员将双腿左、右伸展，用力上下压动，或将一只脚向前伸出，脚后跟着地，体前屈，用力前伸躯干并下压的动作。这就是运动员采用此方法缓解肌肉紧张，通过对肌肉的控制来放松精神、缓解焦虑，从而达到释放身心压力、保持平静心态的目的。

（四）自我暗示法

自我暗示是指人们通过积极的自我暗示后，充满必胜的信心去迎接挑战，调动自身一切能力去克服困难，从而最终达到成功的方法。例如，一位运动员在赛前用"我一定能发挥得很好，我一定能行"来激励自己，用必胜的信念鼓舞斗志，就会不畏惧强手，敢打敢拼。世界冠军邓亚萍曾说："哪一个选手想有机会战胜邓亚萍，就要抓住第一次，因为我是绝不会给她第二次机会的！"这就是邓亚萍精神。一个人在一生中都应该有这种必胜的信念，通过这种积极向上的自我暗示来达到自我肯定与自我激发的目的。它是一颗内在的火种、一种流动向上的自我意识，它会点燃你的斗志，使你精神振奋、信心百倍，帮助你走向成功！

第三节 乒乓球运动与社会适应能力

个人事业的成功取决于他对社会的适应能力，换言之，一个人的知识再渊博，能力再强，目标再远大，但若不具备社会适应能力，那么也终将无法成就事业。一个人只有对自己所肩负的责任具有深刻的认识和对所从事的工作具有热烈的感情，才能表现出极大的工作热情和强烈的责任感；一个人只有对周围事物有了正确的观察切入点和指导思想，才能做出合乎客观逻辑的判断和决定，有了正确的决定，才能指导正确的行动。乒乓球运动中的配合及团队的协作精神，对提高人的社会适应性具有积极的促进作用。我们要从如何利用乒乓球运动锻炼培养自己的社会适应性以及怎样在乒乓球锻炼中培养与人相处的方法和能力两方面来认识这一问题。

一、乒乓球运动对价值观的影响

价值观念是文化观念的核心，也是文化精神的集中体现，它是指人们对社会经济活动的价值判断或价值取向。

（一）乒乓球运动促使人和睦相处

社会稳定、国家发展、经济繁荣，才能使广大人民群众安居乐业。当今世界，人们对和平的渴望，促使各国之间的冲突日益减少，各国相互尊重，和平共处，共同发展。体育项目虽然处处表现出了竞争，但是每一个竞争环节都是有公正的规则约束着每一个热爱运动和参与运动的人。比赛中的公平竞争与各国运动员之间的相互交流与切磋，使体育运动具有特殊的意义。不论国度、不论语言、不论肤色，大家在同一个赛场、同一个起点，共同为发展这个项目做着个人的贡献。所以，体育可以培养人的和平观念，规范人的和平作为。如闻名遐迩的"乒乓外交"，就是我国乒乓球运动员为中华外交作出的贡献，小球转动大球，融化了中美两国20多年来僵持的坚冰，为中美建交立了大功。所以说，乒乓球运动对人们的和平价值趋向有着潜移默化的影响。

（二）乒乓球运动处处体现着自由、愉悦和平等

乒乓球运动寓意了所有人都可以参与的平等性，无论男、女、老、幼，肤色深浅和地位高低以及信仰差异，人人均可分享它的快乐。它搭建了一个使每个人都乐于接受并愿意参与的平台。在这种平等和谐的氛围里，不管水平高低，人们均能找到适合自己的对手和位置。它让人领悟到了机会的均等、参与的自由，使人从中深深地体会到了锻炼的舒畅和洒脱。它让每一个热爱它、拥有它的人爱不释手，并不知疲倦地投入其中。

乒乓球运动所体现出来的平等参与精神，会对人们的平等观念和行为起到一定的影响。

（三）乒乓球运动有利于培养人拼搏进取的人生观

每一个站在世界冠军领奖台上的运动员，无一不都是经历了十几年风风雨雨的艰苦磨炼才获得了胜利。银球飞舞，挥汗如雨，冬练三九，夏练三伏，哪一个不是吃苦耐劳、持之以恒地接受超乎常人承受能力的练习，才换来高举奖杯的辉煌？邓亚萍5岁开始打球，经历了无数坎坷。大满贯得主的桂冠和辉煌的荣誉背后隐藏着她无数的泪水、汗水，还有伤痛折磨。乒乓球运动最能使人们领悟成功喜悦的背后靠的是日积月累的奋斗，辉煌皆由汗水铸成的道理。

二、乒乓球运动对竞争意识、竞争手段的影响和对体育道德的培养

（一）乒乓球运动对竞争意识、竞争手段的影响

竞争，即为了某一方向利益而与他人争胜。当今社会竞争激烈，每一个人都在不同程度地体验着竞争，面对着优胜劣汰的考验。不进则退，为了生存和发展，我们必须从小就培养自己的竞争意识，掌握一定的竞争手段。

> **知识链接 2-9**
>
> 体育与竞争
>
> 　　竞争是现代体育的灵魂。在体育运动中处处体现着通过实力和十足的对抗性而争取胜利的内容，并在激烈的抗争中培养着参与者的竞争动机、竞争性格、竞争意识和竞争心理状态等。

　　1. 竞争要靠实力

　　乒乓球比赛中不讲资历和年龄，而遵循优胜劣汰的规则。任何人不付出就不会有收获，成绩的取得不仅要靠严格的训练和吃苦耐劳的精神，还要靠不断提高自己的身体技能、心理素质、战术意识以及团队精神，而且在关键时刻不手软，能顶得住。投机取巧、不劳而获在乒乓球运动中是行不通的。因此，每个人都将从乒乓球运动的激烈竞争中懂得获胜的结果来源于强大的实力。它使人们懂得一个道理——要想取得胜利必须通过艰苦的奋斗！

　　2. 竞争要体现公平

　　乒乓球竞赛最讲究"机遇均等"，从报名、抽签到比赛，从头到尾都是在严格的规则、规程的约束下进行的。抽签一般根据上届名次或报名顺序进行，比赛根据抽签结果进行。比赛中，对工作人员、运动员的一举一动都有规则和规程的约束，违例就会被罚，规则面前人人平等。乒乓球运动没有身体、心理以外的任何不平等性。因此，乒乓球运动能使每一位参与者养成公平竞争的意识，并以公平的竞争方式面对自己一生中的竞争。

　　3. 竞争中学会面对失败

　　体育只以胜败论英雄。每一项比赛，不论有多少人参与，冠军只有一个。经过几年、十几年的努力，每个参赛运动员都想要争夺第一。然而，体育的残酷性又往往表现在它不以付出时间长短和经历磨炼多少为标准，而只认成功与否，因为它以获胜为目标，以竞争方式推出优胜。虽然失败只是暂时的、相对的，但结果却是无情的，比赛输了就是输了，没有丝毫回旋的余地，而且也失去了一次证实自己的机会，要证实自己，只能等下一次。失败—奋起—胜利—再失败—再奋起—再胜利……真实地体现出了体育竞争内在的规律性，同时也反映出了每一位成功者不屈不挠的奋斗轨迹，也折射着运动人生的喜怒哀乐。所以，体育既可使人通过比赛增强竞争意识，又可使人领略胜利的喜悦和失败的痛苦，从而提高人们享受成功或承受失败的适应能力。

（二）乒乓球运动对体育道德的培养

　　体育运动有助于培养人勇敢顽强、勇于拼搏、敢于进取、不屈不挠等体育精神和意志品质。乒乓球这一运动项目也不例外，它以其独特的风格和魄力，净化参与者的心灵，在参与中逐渐升华对公平、真诚和友谊的诠释。

1. 乒乓球运动让人体会公平和公正

乒乓球运动的每个环节都有其公平的原则。这些原则给组织者以约束，给执行者以指导，给参与者以规范。因此，乒乓球比赛，无论规模大小，很少有不公正的消息传出，这与它严谨的规章约束密不可分。体育运动的基本精神要求公平、公正，每个人在这个原则的基础上才能保证权利，比赛中一旦丧失了这一原则，一切都无从说起。乒乓球之所以发展成为"国球"，人们之所以乐此不疲地参与进来，这与其公平、公正的体育精神不无关系。

2. 乒乓球运动教人以诚相待

乒乓球比赛中有一些约定俗成的行为规范，如在国家和国际大赛中经常会看到：一个回合已经结束，裁判员已经判定甲得一分，但甲用手一指，裁判员经核实后，又将甲的这一分减掉，给乙加上。这个情景就可能是乙打过来的球是一个除了甲谁也听不到的"擦边球"，虽然裁判已将比分判给了甲，但甲还是非常诚实地指出并要求裁判员更正过来。对于这种现象，每一位优秀运动员都可能遇到过，并且都能诚实地做到。别小看这一分球，它包含了乒乓球运动带给人们心灵上的净化和精神上的凝华，而这种潜移默化的影响，会让每个人受用终身。

3. 乒乓球运动增进相互间的友谊

不论从狭义或广义上讲，乒乓球运动都可以增进友谊。为了促进相互间更深的了解，人们可以用乒乓球为切入点，在锻炼中使双方加深了解、更加信任；为了促进两个单位间的合作，双方可以共同组织一次乒乓球友谊赛，让乒乓球做媒介，使合作更加愉快；"乒乓外交"更说明了这一点，小小银球竟然"打开了"中美两国之间的外交之门，并被载入外交史册；而现在，中国乒乓球运动与国外的交流更加频繁，不仅民间有，就在中国的最高水平比赛——中国乒乓球超级联赛中也出现了如朱世赫、福原爱、波尔、金泽珠的身影。这说明，小小乒乓球已不仅仅是体育运动项目之一，它已经超出了体育运动的范畴，成为沟通各国人民友谊的桥梁。

三、乒乓球运动对协作意识和协作能力的培养

（一）乒乓球运动与协作意识提高

协作意识是体育意识的基本内容之一。协作就是协调合作，齐心协力。有人把协作精神比作大雁的飞行。风洞实验（风洞是进行空气动力学实验的一种主要设备，风洞的原理是使用动力装置在一个专门设计的管道内驱动一股可控气流，使其流过安置在实验段的静止模型，模拟实物在静止空气中的运动，测量作用在模型上的空气动力，观测模型表面及周围的流动现象）表明，成

群的"V"字形雁队的飞行,要比一只孤雁的飞行能多飞百分之十二的距离。人类也是这样,只要能与同伴合作而不是彼此争斗,事业发展会更快、更好,走得也更远。合作体现了人的一种气概和才能,合作也增强了彼此的生存能力。

> **知识链接 2-10**
>
> 体育与协作
>
> 体育运动对协作意识和协作能力的锻炼与培养是由体育本身的属性所决定的,它对造就未来社会高度需要的协作型人才所起的作用是其他教育方式难于比拟的。

乒乓球运动处处体现了合作精神。练习时,需要运动员双方的配合才能达到练习的目的;比赛时,要有场外的指导才能帮助看清对方的弱点和自己的漏洞;双打时,需要两人的密切配合才能克敌制胜;团体赛时,整个团队要拧成一股绳,才能拾遗补缺,夺得最终的胜利。因此,乒乓球运动的集体性特点,有助于培养人们的协作意识和团队精神。但是,协作意识的形成不是一朝一夕的事,必须通过参与乒乓球练习、比赛等一系列的活动,在长期的锻炼中逐渐形成。这是一个潜移默化的过程。若在日常生活中逐步培养这种精神,并融入我们的工作、学习、生活之中,那将对事业成功有很大帮助。

（二）乒乓球运动促进协作能力

良好的协作能力是现代社会对人才的一项基本要求。在科学技术飞速发展的时代,单凭个人知识和能力完成一项重大科研任务的可能性很小,它往往需要通过多人的努力以及多学科或多学科交叉进行才能实现。同时,这些重大活动还要求每一个参与者都必须具备良好的协作能力。

乒乓球运动以它特殊的方式,培养着所有参与者的配合协作能力,使之在人际交往和工作合作中具备通向成功的阶梯和基础。

四、乒乓球运动与个性形成

体育不仅对人们的机体有影响,同时还能作为社会教化的手段促进个性的形成与发展。

个性是指一个人在其生理素质和心理素质的基础上,在一定的社会条件下,通过实践锻炼和积累,逐步形成的观念、态度、习惯和行为。它是一个人比较稳定的心理、生理素质和社会行为特征的总和,是一个人能否适应社会或能否被社会接受的关键因素。个性特征包括人的能力、气质和性格等内容,其中最重要的内容是性格。热情和冷漠、自信和懦弱、谦逊和骄傲、内敛和外向等这些性格的形成均与体育有关系。乒乓球运动正是一种能影响性格形成的体育项目。

（一）乒乓球锻炼对个性形成的影响

乒乓球锻炼中不仅要求人们有较高的体能和技能投入，还要有智力、情感和行为参与。因此，在每次乒乓球练习中，人们都有不同程度的提高和突破，也就是说进步来自于每次的练习之中。人们就是在感受这一过程中不断发现自己的优秀，找出自己的不足，并决定采用何种方式巩固或提高自己的长处，弥补和改进自己的不足。这种过程是促使人能够不断地进行自我认识、自我发现和自我改造的过程，即通过乒乓球锻炼能使人形成和发展个性以及实现人的社会化的过程。

（二）乒乓球运动与约束能力形成

乒乓球运动是一项非身体接触性运动，因此对手之间的竞争应该包含着一种绅士风度，要心平气和地看待比赛的胜负。在取得胜利时要告诫自己不要兴奋过度、忘乎所以，在失败时要提醒自己勇敢面对、重新再来。体育锻炼会使人养成百折不挠的精神，并为了取得与自己所期盼的成绩不遗余力。为了与群体保持一致，人们总是心甘情愿地接受来自群体的制约，这种制约迫使成员不得不改变自己的某些特性，增强自我的约束能力。

（三）乒乓球运动与进取精神的形成

乒乓球运动的竞争特性决定了参与者的练习目标。不论以锻炼身体为目的，还是以获得成绩为目的，只要比赛一开始，参与者就会顿时精神大振，定要一争高低。这一特性决定了乒乓球运动是一项能促使人们主动、积极、自觉参与的运动项目，为了打败对手，必须经过日复一日的艰苦练习，以达到自己在技、战术水平上的全面提高。这种顽强、拼搏、进取的精神，对个性的形成与发展具有重要意义。

（四）乒乓球运动与道德品质的形成

现代社会决定着人们的道德形成。乒乓球运动除了影响人们自我意识、自我约束能力和进取向上的意识外，它还能促使参与者用高度的责任感和良好的道德品质完成与同伴的合作。它以约定俗成的道德规范规范着自己的行为，以复杂而快速的情感转移来领略成功的喜悦和失败的痛苦。乒乓球运动给人们提供了复杂多样的情感体验的机会，人们在这些体验中学会了相互理解和帮助，学会了自我控制和约束，学会了坚毅和顽强，也学会了诚实和平和。这些优良品质是人们终身受用的财富。

五、乒乓球运动与社会角色的形成

在社会中，人们以各种角色出现并由其角色而享受特定权利、履行相应义务,并遵守必要的规范。乒乓球运动也能为人们学习、体验社会角色提供锻炼的条件和环境以及尝试机会。

所谓乒乓球运动中的角色,是指参与者在竞赛结成的社会关系中所处的地位。这些地位有其权利、义务和相应的行为。如在团体比赛中的出场排序,主队出场顺序是A、B、C,客队出场顺序是X、Y、Z。主队的第一名和客队的第二名是该队主力队员,团体赛的出场规定给了他们一次比赛出场两次的机会,而每队的第三名队员只能出场一次。也就是说,主力队员的两次机会是他们的权利,但是同时也表明他们有争取两场胜利的义务。在由体育构成的社会关系中,每个角色都有获胜的权利和获得奖励的权利以及按照规定进行技术动作行为的权利,同时也有遵守体育规范、道德规范和技术规范的义务。群体内的每个角色,又是相互关联的,群体目标的实现是以每个成员的能力被群体成员接受为前提的,也证实和督促着每个角色能力的提高。这使得每个成员在群体的关联中获得信赖,并决定了每个角色的地位。

通过体育角色的学习,参与者会认识到经过个人努力是可以成功扮演各种角色的,从而明白人的主观努力是改变社会地位的重要途径这一道理。

六、乒乓球运动对人际关系的改善

人生的美好是人情的美好,人生的丰富是人际关系的丰富。

社会的组成就是人与人的组成,人不能不与人交往,"关起门来朝天过"是行不通的。假如一个人长期与世隔绝,那么他的生活将会怎样?既然人际关系对人的生活影响巨大,那通过什么途径可以培养一个人的交际能力呢?社会学研究指出,影响人际关系改善的重要因素有沟通能力、对身体语言的理解和使用能力、自我意识水平等。乒乓球运动对影响人际关系的主要因素有直接的作用。

知识链接2-11

在社会生活中,人们彼此之间要进行社会交往,在交往活动的过程中联合成各种群体。团体是群体的一种组织形式,人的一生都是在各种团体中度过的。人们只有具备良好的交际能力,才能形成良好的人际关系。

(一)乒乓球运动对人的沟通能力的影响

多彩的生活和成功的事业都离不开沟通。沟通可以使双方交流情感、交流思想,一个不能准确表达个人意愿和意图的人,又怎能被别人充分理解和支持?不理解支持就不能很好配合,而不配合事业就不能成功。怎样才能提高与人的沟通能力?怎样才能掌握沟通方式?乒乓球运动无疑是一个重要途径。

由于乒乓球运动的特殊性，决定了必须由两人甚至更多人才能完成每次训练，而且每一个动作都需要老师的讲解、示范和指导。这时，无论是技术动作的纠正，还是练习中的相互配合，都需要双方随时沟通。这种沟通不仅具有直观性、及时性和准确性，还体现出主动性、注意力集中性和信息交流充分性的特点。所以，经常参加乒乓球锻炼，可以有效地提高与人沟通的能力，形成良好的人际关系。

（二）乒乓球运动对身体语言的理解和使用能力的影响

身体语言是人们交流的重要方式之一，是社交必备的能力。身体语言不同，所含寓意不同。我们可以从他人不同的身体语言中体会和理解其所要表达的信息和含义，并作出回应。有身体语言参与交流和沟通，生活更加丰富多彩。不能观察对方的身体语言或不能给予对方以回应，均使人产生错觉：是不屑一顾？还是感情淡漠？或是不易接近？使对方因得不到任何代表当时情景的身体信息而产生误解。乒乓球以它独特的方式展示着它的优点，如宿将林惠卿以她优美的削球姿势被人誉为"小燕子"；大满贯选手邓亚萍在场上勇猛泼辣的表现令对手胆怯三分。由此可见，乒乓球运动对身体语言质量的提高是有重要意义的，它不仅可以增强参与者的协调性和柔韧性，展现乒乓球运动的美感，而且通过对内涵和外观统一结合，培养参与者的身体语言，使之在社会人际交往中发挥作用。

（三）乒乓球运动可以改善自我意识水平

现代社会人与人之间的交往越来越含蓄，他人的评价往往是不直接、不真实的。因此，自我意识水平的提高有助于使自己保持清醒的头脑，取得成绩时不飘飘然，失败时不昏昏然。正确评价自身的优缺点，是保持良好人际关系的重要因素。尤其是具有一定权力的人，若遇上巧舌如簧的下属，就不可能得到真正的反馈，从而脱离群众，久而久之，必将导致自我意识水平下降，最终成为不受群众欢迎的庸人。

在乒乓球优秀运动员的成长过程中，虽然有教练的指导，但毕竟是阶段性的，而且教练员不可能将注意力只投到你一个人身上。因此，运动员自我意识的体会，就显得尤为重要，它会随时随地提醒自己改进技术、提高技术、调整比赛心态。这种通过长期约束形成的自我意识行为，会变成一个人的自觉行动，若将这种能力运用到社会交往中，就可以随时了解自己的真实情况和别人对自己真实情况的反应，从而以正确的思维和判断规范自己的社交技能。而这种自我意识能力的增强，还会引导自己从落后的局面转为有利的局面，从失败的阴影里顽强地走出来。在比赛落后时，自我意识强的运动员往往能控制自我，采取措施，使比赛发生转机而转危为安。如果我们在体育比赛中养成对别人所表现出来的真实情绪状态和行为做准确理解的习惯并运用于社会交往中，就能够掌握如何对别人作出恰当而又为社会所接受的反应，从而提高我们的社交技能。

七、乒乓球运动对民主意识的培养

民主是社会进步和文明的象征，是社会公德和法律要求的具体体现。民主赋予人们对参与事情或自由发表意识的权利。民主意识是社会公德允许下的意识，民主行为也是法律约束和限制下的行为。谁破坏了这个前提，谁的意识和行为就将受到公众的谴责和法律上的制裁。

知识链接2-12

> 由于体育自身的特殊性，在从事体育活动的过程中，体育可以使每一位参与者受到平等、公正、正义和荣誉的启蒙，它可以让参与者在锻炼中懂得在今后的生活中既要珍惜自己获得胜利的权利，也要懂得如何尊重对手，承担起尽其所能的义务。所以，体育锻炼对民主意识的形成是很好的方式。

（一）乒乓球运动程序体现了最大民主化，影响着人们民主意识的形成

目标的民主和程序的民主包含了民主的双层含义。参与比赛的大众性和比赛结果的绝对公开和公平性，在整个程序上决定了比赛的民主过程。只要符合规程的规定，任何人均可平等地参加其中，并且在抽签、分组、竞赛的整个过程中都采用了当众进行的绝对透明的方式，使胜负的判定和名次的角逐都有充分的民主监督。每一位参与其中的人，都能从严密的组织和锻炼实际中感触到民主的程序方式，自觉不自觉地受到民主化作风的感染和熏陶，养成民主化作风。这种民主被许多社会活动家视为民主程序的典范。

（二）比赛结果民主化有利于促进人们的行为规范

乒乓球比赛中所有文件内容的制定，充分体现了程序民主，是对所有参与者的行为约束。即运动员在享受最大限度发挥潜能战胜对手权利的同时，又被要求承担让对手在平等的条件下与自己竞争的义务。最终的胜利者虽不确定，但任何人不允许以任何超越规则的手段阻碍最终结果的公平性。每一场比赛的结果，不但有规则、规程的规范，还有广大观众的评判。比赛赋予运动员申诉的权利和观众舆论监督的权利，比赛的完全透明度，保证了体育目标民主化。同时，这种在公平制度之中自觉规范的行为，对人的民主行为习惯的养成起到了良好的作用，是教育和引导人民成为民主法制成员的有效方式。

八、乒乓球运动对现代生活方式的改善

现代的生活节奏正在逐步变快，通讯技术的发展使世界变得越来越小，智

能化的发展也使人类从繁重的体力劳动中解脱出来。但是，事情的发展总有正反两方面，"足不出户"皆知天下事，"以车代步"轻松快捷，"电气化"使人的身体活动越来越少，这些现象导致了现代"文明病"的发生。双休日让人们想方设法打发闲暇时光，独生子女家庭带来了对后代教育的重视……更加文明、健康的乒乓球运动可以满足人们的健身需求、调节人们的生活节奏、促进人与人之间的情感交流、扩展人们的生活空间、是一项适合各类人群、各个年龄组健身娱乐的好项目。

> **知识链接2-13**
>
> 　　有研究指出，现代人具备以下4个方面的特征：一是人的独立性和个性自由；二是开放性、创造性和开拓精神；三是有科学知识、技术、理性和科学精神；四是效率概念、时间概念、自律和责任感及集体精神。

（一）乒乓球锻炼可以缓解紧张工作带来的疲劳

　　现代生活方式的特点之一就是体力劳动逐渐减少，脑力劳动日渐增长。而脑力劳动产生的疲劳会直接降低神经中枢的反射速度，影响大脑皮质的工作效率。

　　经常进行乒乓球锻炼，可以缓解大脑皮质的紧张和劳累，使疲劳的神经系统得到休息，也可以舒缓精神紧张，调节全身平衡。因此，紧张的工作之余拿起球拍打乒乓球，既可以消除疲劳，又可以调节情绪，还能预防和消除现代化生产劳动给人们带来的精神和身体的压力。

（二）乒乓球运动可以影响人们生活的节奏

　　现代社会生活节奏的加快，使得人们不得不通过调节自己来适应社会发展的速度。运动员和经常参加体育锻炼的年轻人对环境和生活节奏的改变有较强的适应能力，这得益于他们在运动中对各种运动技能的掌握和快捷活动方式的适应能力，使他们在工作和生活时，避免了多余动作的出现，做到了便捷、准确地完成任务。经常参加乒乓球锻炼的人，反应比较灵敏，动作比较协调，这是因为乒乓球运动对人体神经系统和心血管系统产生的积极影响。经常参加乒乓球锻炼，不仅可以提高人体对快节奏生活的应变能力和适应能力，同时也可以帮助人们克服对快节奏生活产生的抵触、恐惧、烦忧、焦虑等心理障碍，抑制身心紧张，以保证快节奏生活和工作的需要。

（三）乒乓球运动使生活丰富多彩

　　现代人对生活标准的追求越来越高，除去物质需求以外，还不断追求生活质量的提高。在闲暇时间进行一些适合年轻人的健康运动，乒乓球运动应该是首选项目。乒乓球对技术的难易、运动负荷的大小要求较为宽松，又没有相互的身体冲撞，安全系数相对较高。乒乓球变幻莫测的飞行给人们带来了无限乐趣。在闲暇时间里打打乒乓球，既可以使疲劳的身体得到积极的放松休息，精力充沛地投入工作，又可以使体质增强，减少疾病的发生，还可以联系情感、广交朋友、改善人际关系。为了增进健康、增强体质、提高生活质量、延长寿命，每一个人都应马上行动起来，投入到健身的行列中来，生活也将会因此变得更加生动、精彩。

九、乒乓球运动与和谐氛围的营造

氛围即是自身工作、生活中周边环境的状况。经常处在一个和谐愉悦的环境中，人们会感到心情愉快、精神振奋，工作时感到轻松，生活会觉得有意义。乒乓球运动会对和谐氛围的营造起到积极的促进作用。

（一）在乒乓球锻炼中广交朋友

乒乓运动的群众基础好、参与者众多，只要你喜欢上了这一运动项目中，就会接触到不同职业、不同年龄、不同性别的人，大家在长时间的锻炼中自然而然地会熟悉和交往起来。没有"目的"性、没有企图的自然交往会使人们之间的关系变得纯洁、亲密和融洽，会不由自主地为你带来"向往"和"期盼"的念头。久而久之，在乒乓球锻炼中交朋友，和好朋友一起打球，会充实你的生活，使工作和生活变得更加多姿多彩。

（二）乒乓球运动的特点对性格的影响

乒乓球运动虽是一项对抗性运动，但并非是身体接触性运动。一网之隔的双方在比赛中只是从技术和心理上斗智斗勇，没有直接的冲撞。在这一文明体育项目的锻炼中，会使人心态平和、努力练习、不断提高个人的技术和战术水平、想方设法提高自身的身体素质。长期参加乒乓球锻炼，参与者不仅可以形成从自身找问题、找不足、找缺点的习惯，还可以形成校正自我、认识自我、提高自我的心理模式，这对个人的自律和修养起到至关重要的作用。

思考题
1. 进行乒乓球锻炼对心肺功能有哪些影响？
2. 力量分哪几种？乒乓球锻炼与哪种肌肉力量增强关系密切？
3. 乒乓球运动对心理健康有何促进作用？
4. 调节和舒缓不良心态有哪些方法？
5. 乒乓球运动对价值观有何影响？
6. 说一说公平和公正在乒乓球运动中的体现有哪些？
7. 你喜欢参加乒乓球锻炼吗？乒乓球运动带给你哪些好处？

第三章 乒乓球运动的起源与发展

章前导言

　　一百多年前引入中国的乒乓球运动，经过一个世纪的发展与演变，由于它的可传播性和可接受性，在中国日益发展成为深受人民大众喜爱的运动项目之一。尤其是自中国在第28届世乒赛上获得全面胜利以来，国际舆论称中国是"世界头号乒乓国家"，并把乒乓球誉为中国的"国球"。40多年来，虽风风雨雨，起起伏伏，但乒乓球运动在全国人民的心中已深深地扎下了根。尤其是"小球转动地球"——体育力量打开外交之门后，乒乓球这项运动更是备受欢迎。它不但可以健体强身，更成为人民心中的一种寄托、一种情结。

学习目标

1. 了解乒乓球运动传入中国的历史。
2. 了解世界乒乓球运动的开展情况。
3. 掌握中国乒乓球运动的发展过程。
4. 掌握世界乒乓球运动的发展趋势。

关键词

乒乓球运动　起源　发展

第一节　乒乓球运动的起源

19世纪末，乒乓球运动创始于欧洲，最初是英国人用来解闷消暑的一种方式。最早时没有拍子，而是两个青年人在争论网球技术时，不经意间用雪茄烟盒将酒瓶上的软木塞在餐桌上打来打去，这一举动吸引了不少顾客观看，大家觉得很有意思，惊叫"Table Tennis"（桌上网球的意思）。这一餐桌上的游戏经过英国媒体的报道，很快在一些学生中流行起来，并传到欧洲许多国家。当时这项活动没有规则，也没有统一计分，有的是以10分计，有的则是20分、50分甚至100分一局，非常随意；发球也没有严格规定，既可以将球打在本方台面上，也可以直接打到对方台面。

1890年，英国著名越野跑运动员詹姆斯·吉布（James Gibb）在美国偶然发现用赛璐珞制成的空心玩具球具有较强的弹跳力，于是他将这种球带回了英国，并用来在桌上替代其他用球。由于球打在羊皮纸做成的球拍上发出"乒乒乓乓"的声音，英国一家公司就用"乒乓"（Ping-Pong）作为广告的商品名称，"乒乓"之名由此产生。1926年，原英国乒乓球协会发现"乒乓"（Ping-Pong）一词是商业注册名称，就将原英国乒乓协会解散，重新成立了"Table Tennis"（桌上网球）协会，"Table Tennis"一词至今仍被国际乒联采用。我们用的"乒乓球"只是音译，如果译成英文，仍是"Table Tennis"。

第二节　世界乒乓球运动的发展

一、世界上第一个乒乓球协会的诞生

英国于1900年成立了世界上第一个乒乓球协会。同年12月，在伦敦举行了第一次全英国的乒乓球比赛，参加人数众多，开创了乒乓球比赛的先河。

二、国际乒联的诞生

国际乒乓球联合会（International Table Tennis Federation），简称国际乒联。起初，国际乒联总部设在英国东苏塞克斯郡的里斯廷斯。为了更接近国际奥委会而便于赛事联系，2000年2月23日，国际乒联代表大会宣布，将国际乒联总部迁至瑞士洛桑。

随着第一次世界大战的结束，1918年以后，欧洲各国都相继成立了乒乓球协会，乒乓球技术日趋成熟。相互之间的竞技活动日益增多使人们感到有必要成立一个组织来协调各国之间的乒乓球活动。1926年1月，由德国G·勒

曼（Georg Lehmann）博士倡议，在柏林网球俱乐部召开了一次座谈会，当时参加会议的有英国、德国、匈牙利、奥地利、瑞典等国的代表。国际乒联在本次会议上临时成立，并委托英国乒协举办第一届欧洲乒乓球锦标赛。

第1届欧洲乒乓球锦标赛的参赛国家有：德国、匈牙利、威尔士、英格兰、奥地利、瑞典、捷克斯洛伐克、印度和丹麦，共9个队64名男女运动员。由于印度是亚洲国家，国际乒联于是决定将第1届欧洲乒乓球锦标赛更名为第一届世界乒乓球锦标赛。这标志着乒乓球运动由一个"游戏"、"无序"的民间活动，上升到了一个世界重要的体育竞赛项目，完成了腾飞的一跃。

在本次比赛期间，乒乓球运动的推动人伊沃·蒙塔古（Iovr Montayu）在他母亲斯韦思林（Swaythling）女士的图书馆里召开了第一次代表会议。会议讨论通过了成立国际乒联决议和国际乒联章程，并对乒乓球规则进行了讨论，推选英国乒协的负责人蒙塔古为国际乒联的首任主席。蒙塔古于1976年退休，威尔士的埃文斯成为第二任主席；前世界冠军日本的荻村伊智朗于1987年接替埃文斯，成为第三任主席；1995年5月，瑞典的洛罗·哈马隆德担任第四任主席；由于1995年10月4日哈马隆德病逝，同年12月，中国的徐寅生被选为第五任主席；1999年8月，加拿大的沙拉拉当选为第六任主席，并一直连任至今。

三、世界乒乓球锦标赛

第1届世界乒乓球锦标赛于1926年12月在伦敦举行，当时设立了男子团体、男子单打、女子单打、男子双打、混合双打5个项目。由于当时参加的女运动员太少，所以没有设女子团体和女子双打项目。

这届比赛比较随意，虽然采用了21分一局记分法，但没有比赛秩序册，运动员全天候地等待裁判员的安排；运动员使用的虽然多为胶皮拍，但着装随便，男运动员中有的穿着衬衫、长裤、西服，女运动员的衣着则是长裙、短裙、长袜等。由于比赛是免费参观，本次比赛吸引了不少人。媒体对这次比赛的报道，使人们对乒乓球这项运动产生了兴趣，也加深了对这一项目的了解。

当时国际乒联规定，世乒赛每年举行一次，但由于经济原因，第2届世乒赛被推迟到1928年1月才在瑞典举行。在这届比赛中增加了女子双打项目，到了第8届世乒赛又增加了女子团体。1940—1946年因第二次世界大战爆发，致使世乒赛中断。1947年3月，第14届世乒赛在法国巴黎举行，这也是战后的第一次世乒赛。在这届比赛中，又增加了女子安慰赛和元老杯赛。至此，世乒赛就有了10个比赛项目：男子团体、女子团体、男子单打、女子单打、男子双打、女子双打和男女混合双打这些都是每届都要举行的正式比赛项目，男、女单打安慰赛和元老杯赛为非正式比赛项目。1957年以后，世乒赛改为每两年举行一次。1999年，第45届世乒赛因科索沃战争被迫"一分为二"，单项比赛和团体赛分别于1999年8月在荷兰、2000年2月在马来西亚举行。第46届世乒赛再次"合二为一"，2001年4月在日本大阪举行。自2003年第47届世乒赛起，国际乒联规定，单项比赛于奇数年举行，团体赛在偶数年举行。2005年4月30日—5月6日，第48届世界乒乓球锦标赛在我国上海举行。2009年5月5日，随着日本横滨世乒赛的落幕，世界乒乓球锦标赛已经举办了整整50届。

四、世界乒坛的几次格局变化

（一）欧洲在世界称雄（1926—1951年）

从第1届世界乒乓球锦标赛到1951年的第18届世乒赛，7个比赛项目中先后产生了117个冠军，除8个是由美国获得外，其余的109个均由欧洲选手夺得。这个时期，通常被人们称为欧洲的全盛期。

这一阶段由于球台窄（146.4厘米）、球网高（17厘米）、使用的球拍较硬（胶皮拍）、球软等因素，制约了乒乓球技术的发展，球手只能被动地将球削来削去，等待对方失误时才能取胜一分。因此，有时为了获得一分往往需要很长的时间，一场球争夺胜负的时间甚至长达8个多小时，由此产生的弊端显而易见。由于打的时间太长，有些比赛的胜负只好由裁判员用掷钱币的方法来决定。这样的比赛，运动员辛苦，裁判员受累，观众的观看兴趣也大大降低，尤其不利于乒乓球运动的发展。第11届世乒赛后，国际乒联决定，球台加宽至152.5厘米，球网降低至15.25厘米，并将原来的软球改为硬球。这种改变使得原来缓慢的球速加快了，并且限制了比赛时间，鼓励运动员主动进攻，削球反攻技术开始显现，削攻结合打法开始发展起来，也出现了一些以攻为主的选手。但总体而言，这一时期攻球技术还未达到战胜削球技术的水平。

> **知识链接3-1**
>
> 乒乓球的器材变革，为乒乓球运动带来了变化莫测的技术奥妙，也为喜爱这一运动的人们带来了无限乐趣和探索精神。

（二）日本撼动欧洲霸主地位（1952—1959年）

在1952年的第19届世界乒乓球锦标赛上，一种从未见过的打法令世界耳目一新。直握球拍、攻球凶猛、速度快、力量大，尤其是较灵活的步法移动使人们大开眼界。采用这种打法的就是虽然早在1928年就加入国际乒联，却是第一次参加世乒赛的日本队。即便他们只有三男二女5名运动员参赛，却震撼了全世界，日本队一举夺得了本次比赛的4项冠军（男子单打、男子双打、女子双打和女子团体），从此使欧洲称雄世界乒坛的格局发生了第一次变化。

这一时期一共举行过7届世乒赛（第19～25届），产生的49个世界冠军中，日本就夺得了24个，占冠军总数的49%。在第21届世乒赛上，日本队将男、女团体冠军全部夺走。特别是在1959年第25届世乒赛上，日本运动员的技术水平更是达到了巅峰，竟然取得了7项冠军中的6项（男子单打除外）。从此，世界乒乓球的领先地位由欧洲转向亚洲。

日本队获得成功的原因有三个：

1. 勇于创新——手握海绵球拍、采用直拍全攻型打法

胶皮拍和海绵拍的根本区别在于击球的力量：使用胶皮拍击球的力量不足以攻破稳健的削球，而海绵拍的击球力量却足以打败固若金汤的削球。

2. 扎实的基本功

日本选手的正手攻球，动作稳定、击球力量大，打机会球基本上是百发百中，在关键时刻，自会显示出"艺高人胆大"的魄力。

3. 意志顽强

日本选手在比分领先或落后时都能全力以赴，顽强奋战，其气势往往令对方生畏。

这一时期也是乒乓球器材上的一次变革期，也可以称为乒乓球运动中的一次革命。在第19届世乒赛上，日本运动员第一次开始使用海绵球拍，使乒乓球运动从此拉开了技术革新的帷幕。日本的长抽打败称雄半个世纪的欧洲，海绵球拍功不可没。

（三）中国开始崛起于世界乒坛（1959—1969年）

与日本同时，中国于20世纪50年代也开始登上世界乒坛。在第25届世乒赛上，我国乒乓球选手容国团夺得了男子单打桂冠，为中国夺得了第一个乒乓球世界冠军。

在20世纪60年代举行的5次世乒赛中，中国派选手参加了第26～28届，三次比赛中产生的21枚金牌中，中国运动员占11枚，是金牌总数的52%。这一比例充分说明了中国乒乓球已经开始走向世界前列。

在这一时期，中国队分析了世界乒乓球技术的发展，总结了胜利和失败的经验教训，提出了自己的发展道路，"快、准、狠、变"的技术风格逐渐成为中国队的打法特点，灵活多变的步法也成为中国队制胜的法宝。日本队虽然也用直拍，同是快攻，但他们离台远、长抽时击球时间晚、速度慢，并且只用一面进攻，反手处于劣势。而中国队站台近、击球速度快，并且可用正反手两面进攻，这就大大增强了对对手的威胁，直拍近台快攻打法的优势凸显。

（四）世界乒坛上的"百家争鸣"（1971—1979年）

中国的乒乓球技术使世界耳目一新的同时，也给各国乒乓选手带来了威

胁，人们不断研究探索破解之术，"弧圈球"技术就是在60年代由日本创造出来的，虽然当时对中国还没构成威胁，但是这一技术产生本身的意义是深远的。

而欧洲选手经过近20年的努力，总结教训、学习经验，也于70年代逐渐形成了自己的风格，采用中国的近台快攻结合日本的弧圈球技术，并且在日本弧圈球技术的基础上，使球的旋转加快，创造出了独具欧洲风格的近台快攻结合弧圈球和弧圈球结合近台快攻两种新打法，从而摸索出了一条适合欧洲人的路子，使欧洲乒乓球走向复兴。在第31届世乒赛上，年仅19岁的瑞典选手本格森连续战胜中国选手和日本选手，登上男子单打冠军的领奖台；在第32届世乒赛上，瑞典男队把亚洲保持了20年的男团冠军奖杯抱走；第33届世乒赛的男子单打决赛也是在两名欧洲选手间进行（约尼尔和斯蒂潘契奇）；第35届世乒赛男团冠军由匈牙利队获得。欧洲选手这种能拉能打、高打低拉、近台打远台拉、正反手均能拉出旋转性极强的弧圈球的横握拍打法，又使乒乓球技术推向了一个新的高度。

欧洲打法的兴起，给中国乒乓球运动带来了动力，并在以后的乒乓球技术上有了很大的提高和发展。此后，我国又创立了许多新技术，如高抛发球、加力推、减力挡等，也创建了我们自己的打法，如直拍近台快攻结合弧圈球、削攻结合等，并且还带来了乒乓器材的革命，如两面的胶皮为不同性能等。这一系列技术的创新为我国运动员在世界乒坛取得胜利打下了坚实的基础、提供了有力的保证，并取得了可喜的成绩。70年代共进行了5次世乒赛，共产生了金牌35枚，中国队取得了其中的16.5枚，匈牙利和日本队各4枚，瑞典队3枚，朝鲜队2.5枚。

（五）"中国打世界"和"世界打中国"（1981年至今）

1981年在南斯拉夫诺维萨德举行的第36届世界乒乓球锦标赛上，我国选手开创了世乒赛史上的新篇章，全部7项冠军和5个单项的亚军均由中国队囊括。此后的三届世乒赛也是成绩斐然，中国队均取得6项冠军。"中国打世界"的局面俨然已经形成。中国队的迅速崛起引起全世界的关注。自1988年乒乓球被列入奥运会项目之后，更激起了乒乓球运动员的训练热情，世界各国也更加重视乒乓球运动的发展，尤其是以瓦尔德内尔为首的瑞典男队进步飞速，以两面弧圈结合快攻的打法在三届世乒赛上（第39、40、41届）夺得团体冠军；中国女队在第41届世乒赛与团体冠军失之交臂，第42届女单决赛更是与中国队无缘。在20世纪80年代末到90年代中期形成了"世界打中国"的局面，这一局面是对中国乒乓球界的一个严峻考验。

第43届世乒赛于1995年在中国天津举行，跌入低谷的中国乒乓球队也想利用天时地利人和的大环境来证实多年卧薪尝胆式的训练成果，向全国人民交一份满意的答卷。他们果然不负众望，中国队一鼓作气拿下了7个项目的全部冠军，并在来年的亚特兰大奥运会上再次夺得全部的4枚金牌，向全世界又一次证明了中国队的实力，也表明了中国队从此彻底地走出了低谷。在1995年到2004年间，世乒赛、奥运会、男子世界杯和女子世界杯上共设金牌59枚，中国乒乓球运动员获得了其中的51枚，占总数的86.44%。更让人可喜的是，在第46届世乒赛上，中国队又一次包揽了全部冠军，让世人刮目相看。2009年在日本横滨举行的第50届世乒赛上，中国乒乓球队又创佳绩，囊括了全部5个项目的金银牌，再次证明了乒乓大国的强劲实力。在世界大赛的锻炼中，一代又一代年轻的选手茁壮成长，新型选手不断涌现，中国队已经成为世人瞩目的焦点，世界联队也经常与中国队比赛交流，切磋技艺，"中国打世界"、"世界打中国"的局面仍在继续。

随着世界乒乓球技术的发展，人们对速度与旋转的对立统一关系认识得更加清楚、更加深刻了，从技术动作到打法类型、从技术到战术，无不体现了这一新理念。世界乒乓球技术仍沿着"积极主动、特长突出、技术全面、战术多样"的方向在发展。

自20世纪末，国际乒联对乒乓球比赛规则进行了一系列改革。2000年10月，乒乓球直径由38毫米、2.5克，改为40毫米、2.7克；2001年9月，乒乓球比赛由每局21分制改为11分制；2002年9月，乒乓球比赛执行发球无遮挡的规定。这些改革的目的有三个：

（1）增加击球板数，提高比赛的观赏性。

（2）增加比赛胜负的偶然性，打破由少数国家或地区的运动员包揽金牌的局面。

（3）扩大乒乓球运动的市场。

乒乓球规则的改革更有利于赛事结果的不确定性，虽然对技术、战术的影响比较大，但并未改变乒乓球运动最基本的规律。

第三节　中国乒乓球运动的发展

一、乒乓球运动进中国

1904年，上海一家文具店经理王道平去日本采购物品时，看到了乒乓球表演并买了10套器材带回上海。为招揽顾客，王道平就在店中摆上并亲自作示范和演示，此举吸引了越来越多人的兴趣。时间一长，乒乓球运动在上海学生中时兴起来，随之流行于广州、北京、天津等城市。但当时参加的人员较少，参加者均是地位较高的上流社会人士。

知识链接 3-2

中国乒乓球队的辉煌历程令世人瞩目,之所以能十几年长盛不衰,保持世界领先,靠的是雄厚的群众基础和良好的人才培养机制。由此而形成的中国乒乓文化影响着一代又一代的人们。

二、旧中国的乒乓球运动

1918 年,上海最早成立了全市乒乓球联合会。后来,一些球队纷纷建立。1923 年,全国乒乓球联合会在上海成立。这是中国乒乓球的发展初期,此后组成的中国队在 1925 年与日本选手在上海进行了第一次对抗赛,并以 9∶2 获胜。1927 年,中国队曾接受日本邀请进行了访问比赛,4 胜 2 负的战绩也曾激发了民众的练习热情。1935 年,中华全国乒乓球协进会在上海成立。但当时的中国乒乓球运动仅限于在几个大城市的上层社会中开展,技术水平和组织能力都较低,虽在 1935 年也举行过全国乒乓球比赛,但参赛队伍仅 8 个。由于组织无序,最后的排名也成了乒坛历史上的一个笑谈。当时的国际乒联主席蒙塔古先生曾致电中国表示欢迎加入国际乒联并邀请参加

毛泽东主席在打乒乓球

第 9 届世界乒乓球锦标赛,但终因经费困难未果。

与此相比,处在艰苦条件下的中国共产党革命根据地体育运动开展得热火朝天。我党因陋就简、因地制宜、自己动手、创造条件让根据地人民群众和部队战士锻炼身体,增进广大军民的身体健康。干部还亲自参加、以身示教,毛泽东主席在延安时经常在百忙中抽出宝贵时间打乒乓球。

三、新中国成立以来的乒乓球运动

1949 年 10 月 1 日,新中国成立。党和政府非常关心全国体育工作的开展。乒乓球运动也在党和政府的支持下蓬勃发展起来。1952 年 10 月,在北京举行了第一次全国乒乓球比赛,有 6 个行政区和铁路系统的男、女共 62 名运动员参加,首任国际乒联主席蒙塔古应邀出席了大会。当年,中华全国体育总会乒乓球部加入了国际乒联。自 1953 年起,中国正式走进国际乒坛。从 1953 年到 1957 年的 4 年间,中国队的技术水平已经逐步被世界认识,比赛成绩也上升到世界强队行列。

在 1959 年第 25 届世乒赛上,中国选手容国团书写了我国乒乓球的历史,

获得了我国乒乓球史上的第一个世界冠军,大长了中国人民的志气,得到了周恩来总理的高度评价。

1961年（第26届）、1963年（第27届）、1965年（第28届）中国选手连续三届获得世乒赛的团体、单打冠军,尤其是第28届,我国选手获得5项冠军,成为世界乒坛的新霸主。乒乓球在中国的"国球"称号就是这时由国际舆论而来,当时媒体称中国是"世界头号乒乓球国家"。中国的乒乓球技术不仅推动了世界乒乓运动的发展,在国内也同时掀起了打乒乓球的高潮。全国大地一片"乒乓热",学校里到处可见垒起的砖石乒乓球台,下课后学生蜂拥而至,争相打几下。万人争打乒乓球的局面一时间在祖国的大江南北形成,由此也奠定了我国乒乓球运动的群众基础。

20世纪70年代,我国乒乓球健儿共获得11项世界冠军;80年代中国乒乓球队在第36届世乒赛上又囊括了全部7个项目的金牌,创下了世界乒乓球史上的新纪录。中国乒乓球队由小到大、由弱到强,为祖国争了光,也为世界乒乓球运动作出了积极贡献。

四、中国乒乓球队走向世界历程简介

（一）求索期（1953—1957年）

1953年,中国首次派队参加了在布加勒斯特举行的第20届世乒赛。当时报名参赛的男子团体队伍有14个,女子团体队伍有10个,结果中国男队被评为一级第十名,女队被评为二级第三名。

中国乒乓球队初涉世界乒坛,没有被当时的高水平运动员吓倒,也不盲从,而是坚持洋为中用、推陈出新,坚持在自己技术长处的基础上,吸收其他选手的技术特长。欧洲选手削球多,我国当时应对能力较差,为此,当时有意识地培养了一批横拍削球选手。

第21、22届世乒赛我国未派选手参加。

1956年,第23届世乒赛上,中国男队被评为一级第六名,女队被评为一级第十一名。这次参赛使中国队认识到光靠快和狠还不行,要想取得最后的胜利,还要提高准确性、加强基本功的训练。

1957年,中国又派队参加了第24届世乒赛,男、女队均杀入决赛。赛后,男队被评为一级第四名,女队为一级第三名。男队员王传耀和女队员孙梅英分别被评为世界男子、女子第七名优秀选手。

（二）争光期（1959—1965年）

在1959年,第25届世乒赛上,第一次参加世乒赛的中国选手容国团过五关斩六将,连闯八关,夺取了中国乒乓球运动史上的第一个世界冠军。容国团是发出夺取世界冠军豪言第一人,他说到做到,做到了"外国人能办到的,

我们中国人也一定能办到!"听到中国乒乓球队的喜讯后中央领导同志非常高兴,毛泽东主席亲自接见了容国团及其队友们并观看了乒乓球表演。周恩来总理高度评价了容国团的胜利:"我国乒乓球队荣获男子单打冠军,全世界都震动了。"

在这一届世乒赛上,中国队已显示了相当的整体实力,男、女团体获第三名,邱钟惠、孙梅英获女子单打、女子双打第三名,王传耀、孙梅英获混双第三名,男子单打也有4人进入了前八名。

我国选手容国团

1961年的第26届世乒赛是在中国举办的第一次世界乒乓球锦标赛,全国上下非常重视,集中运动员进行训练,集体研究对付弧圈球的办法。为了有的放矢地进行练习,几位老队员主动放弃自己的打法,模仿日本的弧圈球,让主力运动员尽快了解和掌握应对措施。这种集体主义精神对主力队员是莫大的鼓舞。第26届世乒赛终获圆满成功,中国队获得了3项冠军(男团、男单和女单),4项亚军(女团、男单、女双和混双)和8个第三名。这一胜利,极大地鼓舞了全国人民,也极大地推动了我国乒乓球运动的发展,"乒乓球热"由此掀起。

1963年第27届世乒赛,中国队获得了3项冠军,2项亚军和7个第三名,由此确立了中国直拍近台快攻打法在世界上的先进地位,也领导了世界乒乓球技术的新潮流。本次比赛,中国的两名削球选手(张燮林和王志良)夺取了男双世界冠军也让世界为之一振,中国主力队员的打法多样化,更显示了中国男队的实力优势。

中国男队两捧"斯韦思林杯"后,女队再也坐不住了,特别是第27届世乒赛上,凡沾女子边的都没中国队的份。为了帮助女队端正态度、放下包袱,徐寅生同志专门给女队讲了自己打球的体会,充满辩证法的讲话使女队大受鼓舞,这篇讲话也受到了毛主席的称赞。赛前,贺龙副总理亲自来到中国乒乓球队驻地,鼓励女队向男队学习。领导的关心、队友的支持帮助女队在第28届世乒赛上打了一个漂亮的翻身仗,夺取了世乒赛女团冠军,首次获得"考比伦杯"。

中国队在第28届世乒赛上,获得了5项冠军,4项亚军和7个第三名,在世界上引起了震动。这一阶段,是我国乒乓球运动的昌盛时期,近台快攻和削球防守型打法均处于世界领先地位,体现了我国乒乓球选手打法的百家争鸣、相互促进。

(三) 拼搏期(1971—1987年)

第29、30届世乒赛中国由于历史原因未能参加,在中断与世界往来的4

年时间里，欧洲选手吸纳了中国的近台快攻技术，在原来弧圈球的基础上，创立了近台快攻加弧圈的新技术，使其打法有了长足的进步。

面对现实，中国乒乓界上下拧成一股绳，共同为中国乒乓球运动的发展展开了讨论，并最终达成共识：坚持自己原来"快、准、狠、变"的指导思想，增加一个"转"字，洋为中用，学习和掌握弧圈球，将其技术融入中国的快攻打法之中，并提出直拍用反胶打快攻的设想。之后，很快就涌现了如郗恩庭、郭跃华、齐宝香、曹燕华等用直拍反胶取得可喜成绩的优秀运动员。

20世纪70年代共举办了5届世乒赛，设金牌35枚，中国队获16.5枚（其中男团3枚、男单1枚、男双1枚、女团3枚、女单3枚、女双2.5枚、混双3枚），占金牌总数的47.14%。1973年第32届世乒赛，瑞典男队将冠军从中国队手中夺走。中国女队在第31、32届世乒赛上遗憾地令团体冠军两次旁落。在1979年第35届世乒赛上，中国女队取得全部冠军，就连与男队员合作的混双也获冠军，但是男队在所有项目上均告失败。这次中国男队的全线失利，引起了中国乒乓界的震动。

但是中国男队发愤图强，胜不骄、败不馁，重视技术创新，组成了一支年纪轻、人员新、打法新、敢拼搏的队伍。在20世纪80年代的第一次世乒赛中，女队仍获全胜，男队也打了一个漂亮仗，创造了一个同时获得7项冠军和5个单项亚军的新纪录，这在世乒赛史上是前所未有的。在以后的三次世乒赛中，中国队均获6项冠军。4届比赛（第36~39届）共设金牌28枚，中国队夺得25枚，占金牌总数的89.29%。每枚金牌的取得都历尽艰苦，来之不易，中国队在世界乒坛的地位已显而易见了。

在第31~39届世乒赛中，共设金牌63枚，中国队获得41.5枚，占金牌总数的65.87%。这一时期，中国队夺得了7次男团冠军、7次女团冠军、7次夺得女单冠军和混双冠军、5次男单冠军、3次男双冠军、5.5次女双冠军（与朝鲜运动员合作一次，冠军次数记0.5）。

（四）徘徊期（1988—1994年）

1988年汉城奥运会，乒乓球第一次被列为奥运会正式比赛项目，中国选手在4个项目中男子双打获得金牌，女子单打获金、银、铜牌。然而在长期的胜利中，对一些隐藏的失败却没有引起足够的重视。在80年代最后一次世乒赛上，中国女队战果辉煌，获得了女团、女单、女双的全部冠军，而男队却一无所获。

在1991年第41届世乒赛上，中国女队获得女单、女双、混双冠军，女子团体以2∶3败给朝鲜队，屈居亚军；在第42届世乒赛上，中国队痛失女单冠军，而男队除第42届世乒赛夺得一个男双冠军外，男子团体和男子单打在第40~42届世乒赛期间竟未获得一项冠军。尤其是在第41届世乒赛上，中国男子团体仅获第七名，中国乒乓球男队一时跌入低谷，女队也遭遇困扰。

尽管在1992年第25届奥运会上中国队夺取了4个比赛项目的3枚金牌（邓亚萍获女单冠军，王涛、吕林获男双冠军，邓亚萍、乔红获女双冠军），但中国队已连续三届在世乒赛上与团体和单打冠军无缘。享有"双保险"之称的邓亚萍与乔红也遭遇海外兵团的阻挠，这是14年来女队在世乒赛中首次未进决赛，这些现象，引起了中国乒乓球界的高度关注和重视。中国乒协分别举办了全国乒乓球奥运重点省市的男队主教练和业余体校教练员研讨班，分析形势、确定方向、言深意切、切中时弊，并确定了训练的原则和方向，这对中国乒乓球运动的发展起到了重要作用。

(五) 腾飞期（1995年至今）

1995年，第43届世乒赛在我国天津举行，中国队经过6年的磨砺，在思想和技术上都有了长足的进步和提高。最终，在这届比赛上，中国队以囊括全部7项金牌的成绩回报了祖国人民的期待和关心。孔令辉荣登最高领奖台，成为男子单打冠军；邓亚萍又将女单桂冠重新戴回自己头上；男子双打、女子双打和混合双打金牌也全部由中国选手夺得。自此，中国乒乓球男队走出困境，女队也摆脱了困扰，中国乒乓球队迎来了战绩上的又一个高峰。

在1996年第26届奥运会乒乓球比赛中，4枚金牌全部被中国队获得。

在第44、45届世乒赛上，中国队均获6项冠军。

第27届奥运会，中国队第二次全部包揽4枚奥运金牌。

第46届世乒赛，中国队又第三次获得了7项冠军。

第47届世乒赛，中国队夺得了7项冠军中的6项。

第48届世乒赛单项比赛于2005年4月30日—5月6日在中国上海拉开帷幕。在自己的国土上比赛，我国运动员更加斗志昂扬。经过7天的奋战，我国运动员取得了5个单项的全部金牌。比赛期间，人们为了一睹选手风采，门票竟被炒到了3 000元一张。本次比赛也使我国在世乒赛上的金牌总数突破100枚。

第49届克罗地亚萨格勒布世乒赛，中国队再次包揽5个单项项目的全部冠军。

第50届日本横滨世乒赛，中国乒乓球队又一次展现超群实力，第四次囊括全部5个单项项目的金银牌，第七次包揽5枚金牌（男单王皓，女单张怡宁，男双王皓、陈玘，女双郭跃、李晓霞，混双李平、曹臻）。整届比赛好似一次中国队的专场表演，出神入化的球技让观众们无不惊叹叫绝。中国乒乓球队真正成为当今世界乒坛的领军霸主。

50多年来，中国乒乓球队经历了风风雨雨和艰难曲折，虽然前进的道路并不平坦，但每一步的脚印都是坚实的，是铿锵有力的，凝聚了一代又一代国家领导人的关心和嘱托,背负着祖国人民的支持和殷切希望,渗透着教练员和工作人员的辛勤劳动,更包含了广大运动员的心血和汗水。中国乒乓球选手自 1959 年第 25 届世乒赛容国团夺得第一个世界冠军到 2009 年 5 月的第 50 届世乒赛,共获得金牌 166.5 枚(第 34 届世乒赛女双冠军为中国的杨莹和朝鲜的朴英玉,因此中国得 0.5 枚),其中,奥运金牌 20 枚,世乒赛金牌 112.5 枚,世界杯金牌 34 枚。

五、中国大众乒乓球运动的发展历程简介

中国大众乒乓球运动经历了从自我成长到全民发展的历程,如今已融入了人民群众的生活中。

(一)自我发展期(1949—1961 年)

建国初期,党和人民政府非常关心全国体育工作的开展,群众体育得到蓬勃发展,许多项目走进了基层体育中,使人民对体育项目有了初步认识和了解。

然而自 1953 年中国队首次参加世乒赛之后,我国体育事业将工作重点放在竞技体育中,国民大众体育几乎是随着竞技体育事业的发展自发成长。乒乓球运动由于对身体条件的要求不高和场地、器材的随意性,成为群众乐于进行的体育锻炼项目。虽然没有举行较大规模的群众乒乓球比赛,但是大家还是喜欢在空闲时利用简易球台打打乒乓球锻炼身体。乒乓球运动趣味性强、易开展,在群众中普受欢迎,使得乒乓球运动在中国国民生活中经久不衰,小小银球在中国国土上快乐地成长。

(二)鼓舞发展期(1961—1995 年)

1961 年第 26 届世乒赛在中国举行,处于进步中的中国乒乓球队在本次家门口举行的世乒赛中大放异彩,成功地举办了这次大赛。世界高水平的乒乓球技术也与中国民众有了一次近距离的接触,加上中国队在比赛中取得的优异成绩,极大地鼓舞了中国人民的乒乓热情。群众中的业余爱好者纷纷模仿世乒赛选手的特有技术,大家互相交流、研究,在民间掀起了一股对乒乓球技术的"研、学"之风。大众乒乓球水平由此突飞猛进,更给乒乓球运动在全民中的开展增添了动力。

第 26 届世乒赛后,虽然中国乒乓球队在世界大赛中的成绩起起伏伏,但是乒乓球运动已经深入中国大众的生活,成为国民体育的共同选择。不仅成年人纷纷参与到乒乓球运动中来,而且许多家长也为孩子选择了乒乓球。一时间,许多乒乓球少年培训班开展起来,为许多普通家庭的孩子们提供了一个快乐乐园。孩子们定期到培训班里进行乒乓球训练,并有专门的教练员在旁指导,乒乓球在带给孩子们健康、快乐的同时,也在年轻一代中打下了坚实的群

众基础。虽然此时国家体育事业的重点还在竞技比赛上，但是群众乒乓球运动的开展始终如火如荼、代代不息。

（三）全民发展期（1995年至今）

为了更广泛地开展群众性体育活动、增强人民体质、推动中国社会主义现代化建设事业发展，1995年6月20日，国务院发布了《全民健身计划纲要》，号召各地大范围、频繁地开展全民体质促进活动，既要举行体育比赛，又要将体育观念深入群众生活。政府提供人、财、物等方面的支持，开展适合各年龄段的体育活动，鼓舞群众投入到体育生活中来，促进全民健身事业发展，实现全民体质增强。

《全民健身计划纲要》的颁布，标志着体育运动全民化的开始。这是由政府主持、以群众作为参与对象、以发展群众体育运动为工作重点的体育工作方向的重大改革。党和人民政府在紧抓竞技体育成绩的同时，也充分认识到，要想从体育大国变为体育强国，单靠竞技成绩不能解决问题，必须提高全民体育水平和体质水平，使国民参与体育运动、热爱体育运动，才能真正建成运动水平普遍提升的体育强国。

在国家着手发展全民体育的形势下，全国掀起了全民运动的浪潮，乒乓球作为"国球"，也成为许多群众青睐的体育项目。许多地区的村、镇、社区借助这次"体育风"，利用行政拨款，为群众购置了公共使用的乒乓球器械，便于群众随时投入运动。很多地方经常出现场地供不应求的情景，全民健身被推向建国以来的首次高潮。而在全民健身的浪潮中，乒乓球运动得到了迅猛普及，几乎成为任何人拿起球拍都能上手的全民项目。如今，全民健身风将乒乓球运动带进了全国人民的生活，推向了全民参与的巅峰！

思考题

1. 了解乒乓球运动的发展过程。
2. 世界乒乓球运动是怎样发展起来的？
3. 中国乒乓球运动的发展经历了哪些过程？

第四章　乒乓球基本技术与练习方法

章前导言

乒乓球被世人誉为中国的"国球"，可以想象这项运动在中国人心中的位置和重要性。在中国几乎所有人对这项运动都不陌生，甚至都能拿起球拍打几下，但是要想更好地掌握这项运动的技术，那就要从头学起，从基础理论学习开始，建立正确的理论思维和动作定型，才能达到事半功倍的效果。本章阐述了乒乓球的基本理论，并对乒乓球的技术做了比较系统的介绍。

学习目标

1. 了解乒乓球运动基本理论知识。
2. 掌握乒乓球基本技术。
3. 掌握乒乓球技术练习方法。
4. 积极投入乒乓球运动体能练习。

关键词

基本理论　基本技术　练习方法　体能练习

第一节 乒乓球运动基本理论

一、常用术语

(一) 球台（图4-1）

1. 比赛台面

球台的上层表面叫做比赛台面，应为与水平面平行的长方形，长2.74米，宽1.525米，离地面高76厘米。

比赛台面仅为球台上层表面，没有厚度，不包括台面的垂直侧面。

2. 球台线路

(1) 边线：球台两侧与球网垂直的2.74米长的线。

(2) 中线：球台正中与边线平行的宽为3毫米的白线。中线把整个球台划分为左、右两个半区。

(3) 端线：球台两端与球网平行的1.525米的线。

3. 球台区域（图4-2）

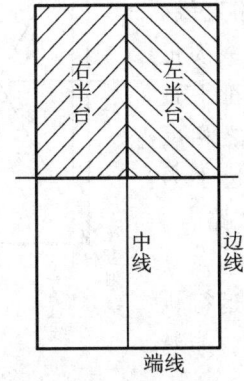
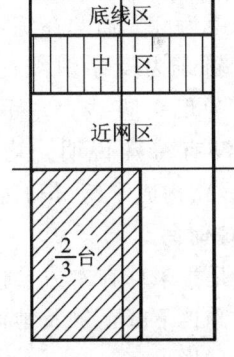

图4-1 球台　　　　　图4-2 球台区域

为了在练习中明确击球落点，通常把全台划分为不同的区域。

全台：指球的落点不分区域。

1/2台：又称左、右两个半台，以击球者划分。

2/3台：指击球落点可占据球台的2/3处，可分为左2/3台，右2/3台。

(二) 站位距离（图4-3）

站位：即在击球前练习者所处的位置。

近台：指站位离球台端线0.3~0.5米以内。

中台：指站位离球台端线0.5~0.7米间。

中远台：指站位离球台端线 0.7~1 米间。

远台：指站位离球台端线 1 米以外。

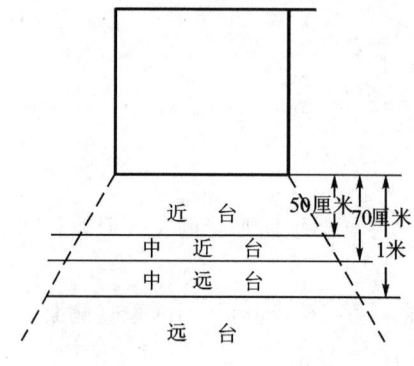

近台：0.3~0.5 米
中台：0.5~0.7 米
中远台：0.7~1.0 米
远台>1.0 米

图 4-3 站位距离

（三）击球线路

击球线路是指球在球台上空飞行弧线的投影线。与边线平行的叫直线，与边线相交的叫斜线（图 4-4）。

5 条基本线路：在练习中，称对角线为右方斜线和左方斜线，还有右方直线、左方直线和中路直线。以右手执拍选手为例，通常在练习中称右方斜线为正手斜线，左方斜线为反手斜线；右直线为正手直线，左方直线为反手直线。左手执拍选手与之相反（本书后文如没有特殊说明，均以右手执拍选手为例）。这 5 条线路构成了练习和比赛最基本的线路。

（四）击球时间

击球时间是指来球在本方台面弹起后，其运行轨迹从着台点上升再下降至触及地面以前的过程，一般划分 5 个时期（图 4-5）。

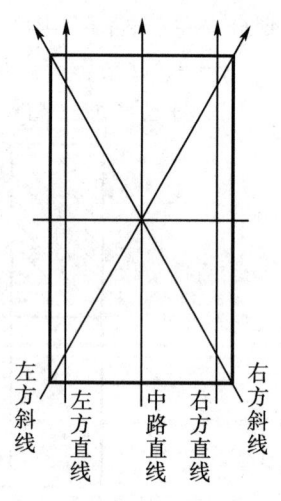

图 4-4 击球线路

上升前期：指球从台面弹起后的最初上升阶段。

上升后期：指球从上升前期至高点期的一段时间。

高点期：指球上升到最高点的那一段时间。

下降前期：指球从最高点开始降落的最初阶段。

下降后期：指球从下降前期至落地前的一段时间。

（五）击球部位

击球部位是指在击球时球拍触及球时的部位。为了形象生动地识别击球部位，不妨把乒乓球想象为时钟，把它划分为从 12：00 的位置至 6：00 的位置共 7 个部位（图 4-6）。

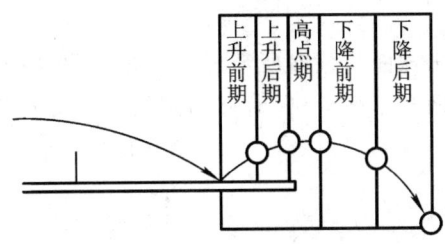

图 4-5 击球时间

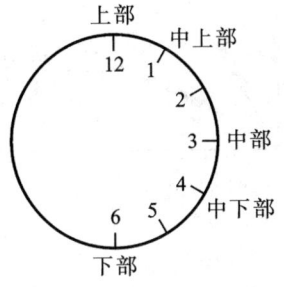

接近 12∶00 附近的部位叫上部。

接近 1∶00—2∶00 附近的部位叫中上部。

接近 3∶00 附近的部位叫中部。

接近 4∶00—5∶00 附近的部位叫中下部。

接近 6∶00 附近的部位叫下部。

图 4-6 击球部位

（六）击球点

击球点是指击球时球拍与球体相触及时的空间位置。这个"点"是以击球者当时所处的相对位置而言，随击球者移动而变化的。"点"的确定受以下三个因素的制约：

（1）击球时，受球与身体间的相对方位（前、后、左、右）的制约；

（2）击球时，球与身体间的距离（远、近）；

（3）击球时，球与击球者身体重心的相对高、低。

因此，击球点是与击球者、球台以及击球时间紧密联系的。选择正确的击球点，能保证击球的质量。及时判断球的路线、快速启动步伐是获得准确击球点的重要前提。

（七）拍形

拍形包括拍形角度和拍面方向两个方面。

> **知识链接 4-1**
>
> "普通颗粒胶"和"海绵胶"
>
> "普通颗粒胶"是一层无泡沫的天然橡胶或合成橡胶，其颗粒必须以每平方厘米不少于 10 颗且不多于 50 颗的平均密度分布整个表面。"海绵胶"即在一层泡沫橡胶上覆盖一层普通颗粒胶，普通颗粒胶的厚度不超过 2 毫米。

1. 拍形角度

指在击球时球拍击球面与台面所形成的角度（图4-7）。接近90°时称为拍面垂直；球拍与台面夹角小于90°时称拍面前倾，大于90°时称拍面后仰。

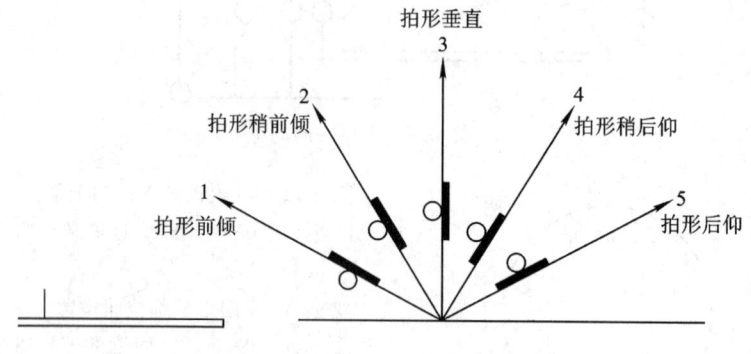

图4-7 拍形

依据击球部位可详细划分为：

拍面前倾：击球时拍面接触1点的部位。

拍面稍前倾：击球时拍面接触2点的部位。

拍面垂直：击球时拍面接触3点的部位。

拍面稍后仰：击球时拍面接触4点的部位。

拍面后仰：击球时拍面接触5点的部位。

拍面向上：击球时球拍接触6点的部位。

2. 拍面方向

击球时拍面所朝的方向叫做"拍面方向"。

击球右侧时，拍面方向向左；击球左侧时，拍面方向向右。

（八）短球、长球和追身球（图4-8，图4-9，图4-10）

短球：指近网球，即球落点靠近球网。

长球：指落点在底线区的球，离端线较近。

追身球：指落点在击球者站位最近的台面位置的球。

图4-8 短球　　　　图4-9 长球

图 4-10　追身球

（九）发力方向与发力方法

发力方向指击球时向哪个方向发力。发力方向不同，球的落点不同。

发力方法是指在球拍与球接触的瞬间用力的方法。发力方法一般分三种：一是打，即球拍的用力作用于球体的轴心或靠近轴心处；二是摩擦，即球拍用力作用远离球体轴心。打与摩擦是很难区分的，没有单纯的打，也没有单纯的摩擦，只不过哪个比重大一些而已；三是借力和减力，借力是借助对方来球的力量反弹回球，减力是利用球拍缓冲的动作，也就是向后"收"一下，减弱对方来球的反弹力。第一种力量大，速度快；第二种旋转性能强；第三种用力灵活。

（十）触拍部位

指球接触球拍时在球拍上的部位。整个球拍又分拍柄和拍身两个部分。可把球拍分为左、右、上、下、中 5 个部位。靠近拍柄处为上端，远处为下端，两者之间为中区。

二、乒乓球技术的基本要素

在乒乓球技术学习初期，一定要理解球的飞行弧线、击球力量、击球速度、球的旋转和落点这 5 个基本要素，这是学好乒乓球技术的前提。必须理解和掌握其基本概念和方法，乒乓球技术才能有效地提高。

（一）球的弧线

乒乓球被击中后沿着一定的运行轨迹飞行，这条轨迹称为球的弧线。球的弧线是决定击球命中率的重要技术指标之一。它包括弧高（H）、打出距离（L）、弧线弯度和弧线方向等因素（图 4-11）。弧线弯度与弧高成正比，与打出距离成反比。

1. 弧线高度（弧高）

弧线高度必须比球网要高，但是又不能太高。球落到对方台面后的弹起高

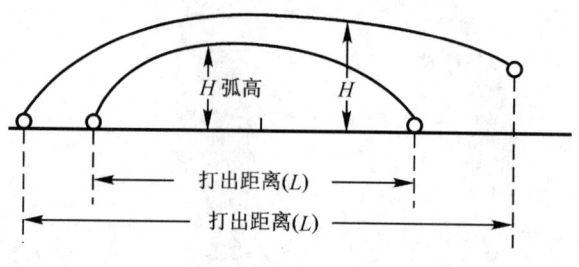

图 4-11 球的弧线

度,与球的弧高直接相关。球的弧高越高,落台后弹起高度越高,易给对方造成扣杀机会。

弧线的高低取决于球出手时的角度。角度小,力量大,弧线就低,反之就高。

2. 弧线**弯度**和打出距离

球离拍后的角度小,弧线弯度就小。但在不同的台面位置和不同的高度击球,打出弧线的弯度是不同的。球的**弧线弯度**越小,说明击球的技术水平越高。

在相同力量作用下,球的**弧线弯度**越低,打出的距离越远。相反,球的弧线弯度越高,打出距离越近。当然,这个**弧线弯度**的高、低和打出距离的远、近都是有限度的,不然会造成出界或下网。

3. 影响弧线的因素

(1) 球的出手角度:即球拍击球后球在离拍时与水平面的角度。在不加入其他因素的条件下,在45°以内,球出手角度越大,弧度就越高,打出距离也越远。球的出手角度由击球瞬间的拍面角度和用力方向决定。

(2) 球出手时的初速度:若球的出手角度相同,球出手时的初速度越快,弧度越高,打出距离越远。

(3) 球的旋转:上旋球的弧线弯度相对较大,下旋球则较小;左侧旋球会使球的弧线向右偏移,右侧旋球会使球的弧线向左偏移。

4. 变化球的弧线,增加球的威胁

(1) 运用拍形控制球的角度,压低弧线高度,给对方击球造成困难,回球弧线越低,对方击球时的难度越大。

(2) 使飞行弧线的前后方向发生变化,增加对方击球的难度。例如来球落台后的快速铲球,给球制造急下旋,使落到对方台面的球过网后反弹回本方台面。

(3) 加大或变化回球弧线向左、右偏飞的角度,造成对方被动。加大角度的左、右拐弯的球,不仅会扩大击球者的跑动范围,还能造成击球者失误。

如使用拉侧旋，就会给对方造成角度大、跑动范围大、回球难度大的问题。

（二）球的速度

"快"是乒乓球技术发展和运用中的主要制胜因素之一，也是中国乒乓球技术的重要特点。

1. 基本概念

球的速度是指球在单位时间内向前运动所经过的路程。在时间不变的条件下，球向前运动所经过的路程越长，则速度越快。球的速度可分为两个阶段：球从台面弹起到球拍触球的时间为第一时间段；球拍触球到球被击出后落到对方台面的时间为第二时间段。要想使球的速度加快，就要缩短两个时间段，只缩短一个时间段是达不到目的的（图4-12）。

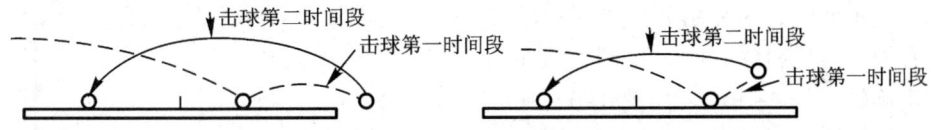

图4-12 球的速度

2. 击球速度的重要性

我国乒乓球在世界立于不败之地的关键因素，就是我国选手的球速快，使对手疲于奔跑、应对。长期的快速反应练习，使我国选手对越来越快的球的感应敏感度较高，在处理变化复杂的来球时，在观察、思索、决定和反击的过程判断快、分析快、决策快、运动快，这具有一定的技术优势。

3. 增加击球速度的方法

（1）站台要近，接触球的第一时间快，缩短还击球的时间，加快回球速度。

（2）减小击球动作幅度，提高摆速，加快球的第二时间的飞行速度。

（3）击球时打多于摩擦（旋转较强的球除外）。

（4）借力和发力相结合。

（5）加强步伐移动速度。

（三）击球力量

击球力量的大小，取决于击球瞬间的挥拍速度。击球力量大小是决定球的速度和旋转的重要因素。力量大，球就能获得更快的飞行速度；摩擦力量大，就能给球更强的旋转。球的飞行速度快、旋转强，就是球的动量（MV）大。

加大击球力量，可采用以下方法：

（1）击球前利用快速的步伐移动，抢到合理的身体位置。这个位置包括两个：一是合理的身体与球之间的距离，二是合理的击球点。

（2）击球前合理的引拍距离，适当加大挥拍动作半径。

（3）手臂后引时适当放松肌肉，以利于收缩。

（4）全身上下密切配合，协调发力。以躯干带动手臂、前臂带动小臂、小臂带动手的顺序发力，发挥各关节支点的加速作用。

（5）挥拍击球时力点集中，突然爆发，增大出手速度。

（6）击球后迅速还原，以利于下次击球。

（7）加强力量练习，提高身体素质。

（四）球的旋转

乒乓球在运动过程中只有旋转的强弱之分，没有绝对的不转球。没有明显旋转的球叫不转球，有明显旋转的球叫转球，旋转速度强烈的球叫加转球。

1. 产生旋转的原因

击球时，如果用力方向（作用力 F）不通过球心 O，而是和球心有一定的垂直距离 L，球就会产生旋转（图4-13）。如图4-13所示，球拍给球的正压力即为 F。通过撞击球体分为正向分力 F_1 和球体摩擦分力 F_2，使球产生旋转。因此，球心与作用力线保持一定的垂直距离，即力矩。力矩越大，球的旋转速度越快。

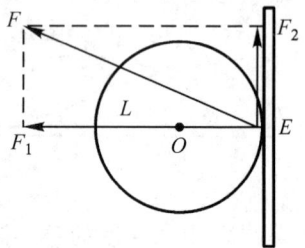

图4-13 球的旋转

在乒乓球运动中，正向分力和摩擦分力决定球的速度和旋转。"打"的力大，即通过球心向前的力大，能使球向前速度快，力量大；"摩"的力大，即垂直距离大，就使球的旋转加强。

2. 乒乓球的旋转分类

根据乒乓球的旋转不同，一般可分为上旋球、下旋球和侧旋球。

上旋球：击球时向前上用力，球拍向前上摩擦球体时产生上旋球。用拍平挡此球时，反弹方向向上（图4-14）。

下旋球：击球时向前下用力，球拍向前下摩擦球体时产生下旋球。用拍平挡此球时，反弹方向向下（图4-15）。

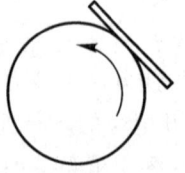 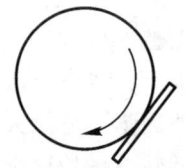

图4-14 上旋球　　　　图4-15 下旋球

左侧旋球：球拍从右向左摩擦球体产生的旋转球叫左侧旋球。用拍面平挡，球向本方的右侧反弹（图4-16①）。

右侧旋球：球拍从左向右摩擦球体产生的旋转球叫右侧旋球，用拍面平挡，球向本方的左侧反弹（图4-16②）。

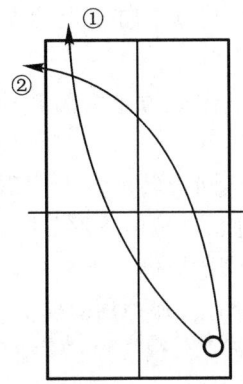

图4-16　左、右侧旋（①左侧旋球；②右侧旋球）

侧上、下旋球：在乒乓球技术的实际运用中，常用侧上旋和侧下旋，即向侧上方或侧下方摩擦球。向侧上方摩擦发力产生的旋转球叫侧上旋球，向侧下方摩擦发力产生的旋转球叫侧下旋球。向右侧上方摩擦产生的旋转球叫右侧上旋球，反之叫左侧上旋球；向右侧下方摩擦产生的旋转球叫右侧下旋球，反之叫左侧下旋球。

3. 增强击球旋转的方法

（1）加大摩擦力量，做到打摩结合。

（2）使用胶皮要合理，反胶黏度大，摩擦性强。

（3）加快击球瞬间的挥拍速度，增强摩擦分力。

（4）全身协调发力。注意发力从下到上要合理，最后集中于球体的发力顺序。

（5）可借助来球的旋转。如用弧圈拉削过来的球或用削球回接弧圈球等。

（6）改变挥拍路线。采用内凹或外凸的弧形挥拍线路，可增加或减少摩擦的时间（图4-17）。

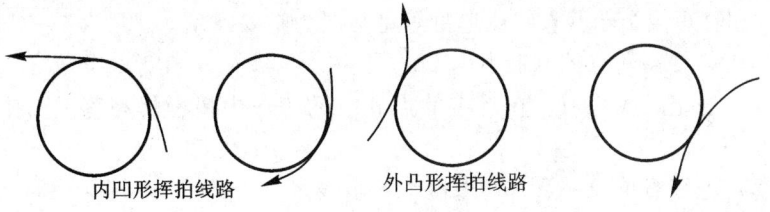

图4-17　挥拍线路

用内凹形线路挥拍触球可加大触球的面和时间，增加球的旋转，用外凸形挥拍触球可减少触球面和时间，减弱球的旋转。

4. 怎样打旋转球

（1）注意判断击球瞬间球拍的摩擦方向。对方在击球瞬间的摩擦方向向上，即为上旋球，向下即为下旋球，向左上为左侧上旋球，反之则为右侧上旋球。

（2）注意判断摩擦力度。摩擦力量大为转球，在击球瞬间加速摩擦为加转球，打多摩少可能是不转球。

（3）用不同方法，对付不同旋转球。上旋球时球拍角度要小，击球中上部；下旋球时球拍拍面稍后仰，击球中下部。

（4）调整拍形。上旋球球拍前倾，下旋球时，球拍稍仰；左侧旋时，球拍拍面偏向对方右角；右侧旋时，球拍拍面偏向对方左角。

（5）根据对方球的旋转强弱，调节自己的击球力度。对方来球旋转较强，速度越快，我方用力越大，球拍摆速越快。

（6）黏性小，弹性较差的胶皮不易吃转。如生胶、长胶、防弧圈胶皮。

（7）树立信心，增强自信。有时因为技术掌握不好，对应付旋转信心不足，实际上应对自如是因为从多次的实践中找到了解决的方法，因此，要破除畏难情绪，树立必胜信心。

以上几种方法中最为重要的是，在对来球有了准确的判断以后，运用正确拍形和用力方向，同时采用适当的击球力量。

（五）球的落点

击出去的球与对方台面第一次撞击的地方叫做球的落点。

1. 落点的重要性

由球的线路和落点构成了不同的台区，如近网区、底线区、中区、左半台区和右半台区等。落点的变化会改变线路，落点的变化组成了一个个战术组合，给对方制造难度。近网和底线的落点，会使对方前后移动，左右两个半区的落点，又会使对方左右奔跑，声东击西，以假动作扰乱对方判断力。如果线路多、落点刁，会造成对方被动，为自己营造取胜局面。

击球的落点现如今越来越被重视，逼左角打右角，逼右角变左角，拉长线摆短线和打短线结合劈长线或追身等将会成为重要技术。

2. 怎样提高落点控制能力

（1）规定点线练习。在一定的点和线的练习中慢慢提高落点命中率，熟能生巧。

（2）先练习单线一点，再慢慢练习多线多点。

（3）打固定台区练习，即在球台划出固定区域练习打点。可以同时划出两个或多个进行练习。要求必须回击到固定范围，提高击球控制力。

（4）用球击打固定目标的练习。

（5）反复练习，才能做到动作定型，提高控球能力。

熟悉球感小游戏——同心协力进球筐

1. 准备工作

先在地上放置一个盆（开口类似大小的其他器皿也可）作为球筐，在盆里面铺上海绵等减震铺垫；以盆中心为圆点，在地上画出半径为3米和4米的圆周；准备乒乓球20个、乒乓球拍2个。

2. 游戏规则

（1）两同学组队配合；

（2）同学A站在两圆周之间，同学B站在半径4米的圆周以外，各执一个球拍；

（3）在半径4米圆周外的同学A用球拍依次将20个球击给两圆周之间的同学B，然后同学B在空中用球拍直接将球击入盆内；

（4）20个球全部击完后，两同学交换位置，重新完成20次击球；

（5）前后20个球各限时1分钟完成，中间交换位置，收球的过程不计时间；

（6）两同学在各自的活动区域内可自行调整相对位置。

3. 游戏比赛

在多名同学参与时，每两人组一队（总人数为单数时其中一人可参与两队），按照规则尽量击球入盆，然后比较进球数量，多者为胜。

4. 游戏意义

寻找球的空间感觉，找准击球时间、击球点、击球力量等要素，熟悉击球感觉。

三、乒乓球击球环节和动作结构

（一）击球环节

乒乓球技术动作看起来变幻莫测，但自始至终有一个基本规律贯穿其中，那就是击球动作的基本环节。

1. 准备

对付乒乓球的快速飞行，必须有一个前期准备，不论从身体和心理上都要进入比赛状态，才能为下一步动作做好准备。不仅需要力量上全力以赴，还需要心理投入、全神贯注。

2. 判断

眼睛紧盯对方击球动作，及时根据击球动作的速度、力量、用力方向、拍形，迅速对来球的力量、旋转、线路、落点等做出准确判断。判断的及时、迅速、准确很重要，这是选择移动方向和击球方式的前提条件。只有判断准确，才能采取措施得当；只有及时判断，才能迅速应对。

3. 移动

根据判断迅速做到脚步移动，只有到达合适的位置，才能采用合理的还击技术，才能有合理的击球点，也才能保证回球质量，达到杀伤目的。在这个过程中，步法的灵活性和移步的合理性是非常重要的。灵活的步法可保证还击技术、移步的合理，除利于此次击球外，还不妨碍下次击球，这就要求要选择正确的移动时间和方法。

4. 击球

击球技术是重要的得分手段和取胜的保证。击球技术有多种，我们将在基本技术中详述。

5. 还原

初学者对还原过程往往不重视，其实这是一种错误的认识。击球后迅速还原到准备姿势，是调整身体重心的重要过程，也是为下一次击球做好准备的重要阶段。

以上是乒乓球击球技术的 5 个部分，这 5 个部分缺一不可，密切联系。在实际比赛中，哪个环节处理欠缺都会造成被动甚至是失误。

（二）动作结构

乒乓球技术很多，打法各不相同，但在动作结构上有一个共同点，那就是每一个动作都是由引拍动作、击球动作和结束动作三个阶段组成的。

1. 引拍动作

（1）引拍动作的基本要求。首先要选择正确的站位，以利于击球技术的发挥。以右手持拍正手攻球为例，两脚开立与肩同宽或稍宽于肩，左脚稍前，右脚稍后，屈膝站，含胸，重心稍前倾，身体以腰为轴稍向右转带动右臂向身侧后引拍，引拍结束时重心在右脚上。这一系列动作中要重点注意两个问题：一是两脚站立的位置，两脚平行站或右脚前左脚后都不能做到有正确的引拍方向，甚至给引拍动作带来障碍；二是身体右转，没有身体的带动，只有手臂引拍，其引拍会受限，击球前的挥拍距离会缩短，发不了力，击球质量难以保证。

（2）调整引拍方向。根据来球快慢，反弹后的高低和旋转、力量的强弱，应随时对引拍作出调整。如对方打来弧圈球和放高球，引拍的高低是截然不同的，弧圈球旋转快、弧线低，应低手引拍；打高球时应大幅度向后向上引拍。再如对方来球的速度快慢，对引拍的影响也很大。速度快，必须小幅度加速引拍；速度慢，可幅度稍大放缓引拍。

2. 击球动作

击球动作包括挥拍向前和击中来球的整个过程，这个过程决定了击球的质量。击球动作与引拍没有明显界线，是一个连贯过程。

击球动作首先要确定拍面的朝向，它决定了击球的路线和触球部位，也决定了身体的发力顺序和发力方法，以及击球时间和击球点位置等。在整个击球过程中，全身的协调配合和手臂的动作尤为重要。

3. 结束动作

这是将球击出后到还原的过程。由于惯性的作用，球虽然被打出，但挥拍的动作仍然继续，这时手臂和身体应立即放松，迅速还原，准备下一次击球。

以上三个阶段动作虽各不相同，但它们融会贯通、环环相扣，不但紧密相连，而且互相制约和影响。因此，练习时要注意动作衔接，不能忽视任何一个动作阶段。

四、乒乓球意识

（一）乒乓球意识的概念

意识是人的头脑对于客观事物的反映，是感觉、思维等各种心理过程的总和。所谓乒乓球意识，就是指练习者在教学练习和比赛中的一种具有明确目的性和方向性的自觉的心理活动。意识可以理解为一种感觉、习惯或思路，让人自觉不自觉地联系起来，想到这个问题。如竞争意识，只要比赛开始，练习者的求胜心理马上使自己全身投入，争取打好每一个球，认真判断，每球必争，长此以往就会培养练习者的严谨作风和一丝不苟的比赛作风。如果没有竞争意识，练习者就会认为输赢无所谓，懒散懈怠，就会慢慢地形成输赢无所谓的心理，失去必胜信念。认真对待每一个球，看似简单，其实是一个非常严肃重要的问题，随着时间的推移，练习者会潜移默化地形成一种球风，养成一种习惯。

乒乓球意识，在某种意义上讲就如航海时的灯塔，引导着我们打球的正确航向。有了正确的意识，会使我们少走弯路或不走弯路。

（二）乒乓球意识的内容

1. 科学意识

用符合乒乓球运动的客观规律的行为和心理指导自己的言行，不断总结经验（包括自己的和他人的）和教训，不断探索、不断学习和更新知识来充实自己，并用这些作为自己行动的准则。

2. 投入意识（即实战意识）

练为战，平时的练习是为了战时的胜利。在练习中应具备实战意识，认真对待每一个球，每次练习都像比赛一样地投入，久而久之，才会养成一种习惯，一种认真对待每个球的严谨作风。"平时多流汗，战时少流血"，就说明了平时多投入练习，才能在比赛中多一分胜算。

3. 苦练与巧练相结合意识

每一项运动都有其自身的规律，乒乓球也如此。探索规律，善于总结经验，并用此来指导自己，才会取得事半功倍的效果。不会巧练的人是傻练或白练；没有苦练做基础而想走捷径，在乒乓球练习中是行不通的。

4. 立志意识

目标是推动人前进的动力，可以使人产生无形的力量，促使其朝着这个目标奋斗。古人言："志不立，天下无可成之事。"

5. 判断意识

提高判断意识，才能采取相应的应对措施，这是还击来球的前提。

6. 盯球意识

集中精力，正确判断，不盯球就无法对球做出判断。只有随时密切注意对方击球动作和击出线路才能采取相应移步方向。

7. 移步意识

迅速、及时的移步是还击来球的保证。判断球再正确，步法不到位，球同样打不好。如打侧身球时，没有好的移步意识，既侧不开身，又不能对下一个来球进行还击。随着乒乓球技术的提高，脚步的移动显得越来越重要。争取主动，抢先进攻，脚步移动是关键。

8. 体会合理击球点位置意识

击球点位置就是击球点与身体所处的位置。每个人在对不同技术动作的体会中，都会建立起不同的击球点，所以要不断在实践中体会适合自己打法和技术的击球点位置。

9. 反省意识

反省是回想自己的思想行动，检查其中的错误。在练习和比赛中，练习者要不断回忆动作，尤其是一板球失误时，要总结失败原因，从中找出错误所在，在下一次遇到类似问题时不再出现失误。

10. 调节意识

还击不同性能的来球，都要随时对还击动作进行调节。长期的练习，实际是对调节能力的培养和形成的练习。这是一个艰苦的过程，必须在力量、拍形、引拍、用力方向、手指以及身体和脚步上进行全方位调节意识的锻炼，才能取得明显效果。

11. 打、摩意识

这是撞击力和摩擦力相结合的意识。球近网弧线高则以打为主；远台低线就打摩结合，以摩为主。打可增加速度，摩可加强旋转。在实践中应打摩结合，灵活运用。

12. 还原意识

这也是对身体重心的调节意识。每打完一个球，应迅速还原，为下一个球做准备。不能将有限的时间停留在结束动作上，而是应放在准备还击下一球的前期准备上。

13. 时空意识

即建立正确的时间节奏和空间位置意识。如拉下旋球时要在球的下降期，快带弧圈球时要在球的上升期，这就是击球的时间节奏。要依据来球弧线的高低，运用合适的拍形、线路和方法等。初学者打球时常出现打不到球的现象，这是因为还没有建立正确的时间空间概念所致。

14. 战术意识

练为战，要在平时的练习中融进战术意识，并注意研究其他人在实战当中运用的战术方法，取人之长，补己之短，不断提高。

15. 战略意识

即全局观念。应从大处着眼，从整体着想，统筹部署。

16. 落点意识

好的落点可以一板制胜，可见落点的重要性。因此，不论是在比赛中还是在练习中都要重视落点变化，大角度球、近网球、底线球、追身球等都是经常练习的内容。把落点融入战术、战术结合落点的练习都是非常重要的。

17. 旋转意识

在练习中，要加强旋转练习，提高发球、搓球、拉球质量。在比赛中，要善于利用旋转变化打乱对方的战术意图。

18. 速度意识

以快制胜是我国乒乓球技术快攻打法的法宝。能快不慢，能早不晚，争取机会，抢先起板。

19. 抢攻意识

积极主动，抢先在前，这种意识很重要。在乒乓球比赛中，往往错过一板抢攻机会，就会化主动为被动，场上局面会出现逆转。"当断不断，必有后患"，要勇于抢占优势，先发制人，寻机果断进攻，争取主动。

20. 连续进攻意识

在比赛中，应时刻处于兴奋状态，保持连续进攻的思想，切忌在还击一板后缺乏再继续进攻的心理准备，应乘胜追击，直至得分。

21. 抢先发力意识

在对峙中抢先发力，占据主动。

22. 控、防、反意识

能打则打，不能打则防，以逸待劳，伺机反攻。如优秀选手经常采用的摆短球，就是控制对方使其不能起板，又在控制中找机会上手取胜的有效手段。

23. 记球意识

在比赛中哪些球是怎样得分的，哪些球是如何失分的，应有一个大概记忆，从胜利中总结经验，从失败中吸取教训。自觉地、长时间地记忆，就会提高自己的战术意识。

24. 应变意识

场上要注意观察，及时观察对方的技术、战术变化，迅速采取相应措施。谁的应变意识强，谁就能占据主动。

25. 争取局部优势意识

在双方力量相当、技术基本相等的时候，谁能争取到局部的优势谁就能得分。局部优势可包括对方对某一技术一时间的相对不适应，或一时间的思想、心理上波动等，对此要及时观察，充分利用，做到以己之长，打对方之短。

26. 互怕意识

在实际比赛中，"怕"就是紧张，你紧张，对手也紧张，就看谁控制能力强，谁先镇静下来。越怕肌肉越紧张，越紧张，动作越变形，越打不好。

27. 树立技术风格意识

在平时的练习中，要逐渐形成自己的打法，一个人的技术风格与个人的脾气、性格、身体条件等因素有关。

28. 练绝招意识

绝招即特长，可根据个人掌握打法的不同有目的地确立练习方向。

29. 表现意识

在平时的练习中应带有一种要参加比赛的强烈表现欲望。

30. 重视理论意识

自觉学习和钻研乒乓球运动理论，并注意理论与实践的有机结合，可迅速提高自己的乒乓球技术水平。

第二节　乒乓球基本技术

一、握拍法

目前，乒乓球运动中一般有两种握拍法，一是直握拍法，二是横握拍法。不同的握拍方法都存在不同的优缺点，学习乒乓球时可根据自己的喜好和习惯，选择合适的握拍法。

（一）直握拍法

直握拍法细分起来也有不同，有的握拍方法利于近台快攻，有的利于削球，还有现在兴起的直拍横打握拍法。

1. 快攻型握拍法

拍前食指第二关节和拇指第一关节成钳形，拍后三指自然弯曲贴于球拍上 1/3 处（图 4-18）。

图 4-18　快攻型握拍法

2. 直拍横打

食指一、二关节扣住拍肩，拇指靠紧拍面，其余三指抵住球拍背面上方，在用直拍反面拉球或打球时，拍后的三个手指弯曲收起，尽量让出拍面利于击球（图 4-19）。

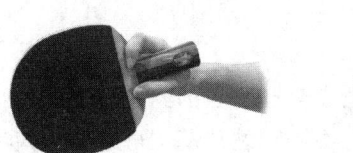

图 4-19　直拍横打握拍法

3. 直拍削球握拍法

拇指自然弯曲贴于球拍左侧，第一指节稍用力下压，其余四指分开自然托住球拍背面（图 4-20）。

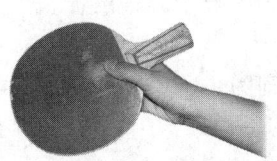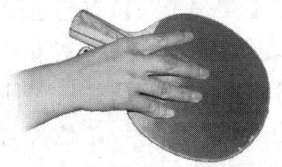

图 4-20　直拍削球握拍法

（二）横握拍法

横握拍法照顾的范围广一些，攻与防之间的握拍手法没有很大变化，反手发力较好，不受手腕限制；正手运用也较灵活。但这种握法存在正手和反手交换时需要拍面左右转动的缺陷，动作较大，对摆速有一定影响；打台内球和直线球时不但需要有手臂的转动，而且需要跟上步法，容易被对方识破。

基本握法：虎口贴于拍肩，中指、无名指和小拇指自然弯曲握于拍柄，拇指在球拍正面，食指自然伸直斜贴于球拍反面。注意握柄不宜过紧或过松（图 4-21）。

图 4-21　横握拍法

正手攻球时，食指稍往球拍中部移动一点；反手攻球时，拇指稍向食指靠一点。

以上介绍的球拍握法不是"死"的，不是必须这样做，而是可根据自己的习惯，适当加以调整，只要个人握起来舒服、打起来顺手就可以了。世界优秀选手的球拍握法也不尽相同，有的在长期的练习和比赛中还不断改进自己的握拍方法，以适应个人的打法和乒乓球技术的发展。

二、站位与准备姿势

（一）站位

站位可依据个人打法寻求一种适合自己特点的站位方法，其目的是利于个人技术发挥。打法类型不同，站位就不同。站位基本可划分为两种类型：

1. 近台快攻型打法的基本站位

端线后左角处近台站位。左推右攻型选手站台近些（约40厘米）；擅长中近台进攻可站台稍远些（约50~60厘米）；以侧身抢攻为主的选手可站位稍偏左，离台更远一些；如果是横拍两面进攻选手站位可在中台偏左。总之，近台快攻型也不是一个站位点，也要根据个人技术调整位置。

2. 削攻结合型打法的基本站位

削攻结合型打法也有两种：一种是以削为主，少有进攻；另一种是进攻较多，适当运用削球。前一种站位离台要略远一些，一般在100~150厘米；后一种则离台要近一些，以便随时进攻。

> **知识链接 4-2**
>
> 无遮挡发球
>
> 即球拍在击球的一瞬间，球拍和球不能被练习者的身体任何部位或任何物品遮挡，并使裁判员看清楚。

基本站位是一个较灵活的技术，除根据个人打法和特点选择站位外，对手的发球特点也是站位时需要考虑的因素。在比赛中，如果对方已经观察到了你的站位漏洞，并对此采取对策已屡见成效，那就要根据场上情况作出站位调整，不然就会被动。如48届世乒赛郝帅对梅兹一战，梅兹利用平时在比赛中不常运用的直线快球,在一场比赛中屡试不爽,连连得分,这不能不引起对基本站位的重视。郝帅一场比赛中在接一种发球上连失6分还未引起重视也属少见。由此可见,基本站位应该顾此兼彼,考虑周全。

(二)基本姿势

练习者在比赛开始前应有一个基本的准备姿势,以便能迅速起动,有利于技术发挥。

1. 近台快攻型打法的基本姿势

两脚开立,略比肩宽,右脚稍后,前脚掌内侧着地,膝盖微屈并略扣,重心在两脚之间;含胸收腹,身体略前倾;手臂放松持拍于腹前偏右,略高于台面(图4-22)。

2. 削攻结合型打法的基本姿势

基本姿势与快攻型基本相同,不同点是:两脚开立稍宽,右脚在左脚前,上体前倾不要过大,挥拍于胸腹之间(图4-23)。

图4-22

图4-23

以上所说的两种基本姿势也应依本人身体条件和打法特点而定。高个者可两脚开立大些,膝盖弯曲多些;矮个者可两脚开立小些;以弧圈为主的选手重心低些;左推右攻选手重心高些;削球型选手离台远些。总之,要做到"注视来球,上体前倾,屈膝提踵,重心居中"。

三、基本步法

(一)基本步法在乒乓球技术中的重要性

乒乓球运动的技术组成有两个非常重要的因素,一是手法,二是步法。它们相互制约,密切相连,缺一不可。手法如同乒乓球技术的生命,而步法则如同乒乓球技术的灵魂。好的乒乓球步法是执行各项技术任务的有力保障,是作用于技术发展的重要因素。步法不到位,技术无法正常使用和发挥,手法也就无法体现,从而失去它的价值。

(二)基本步法的要求

1. 起动及时

在准备姿势正确的基础上，观察和判断对方来球路线的瞬间，及时起动步法，做到不失时机。

2. 到达位置准确

迅速移步至合适位置，提前做好击球的准备，为寻找有利击球位置做好前期准备。

3. 及时还原

及时调整重心，尽量做到不影响下一次击球动作。

4. 保持重心

腰、髋要配合移动，在移动过程中，身体起伏不要过大，以保证移动速度和移动质量。

（三）基本步法

1. 单步（图4-24）

作用：单步以其灵活、重心平稳和步法简单的特点多被使用于落点靠自己近的来球，它的移动距离小，速度快，为大家常用。

动作要点：以离球远的一脚为轴，另一只脚在前、后、左、右或斜前、侧等任何一个方向移动时，重心随之移到摆动腿上；支撑腿向摆动腿方向蹬地；移动的幅度可大可小，可半步，也可一步，但要做到脚落地，移重心，引拍击球同步进行。

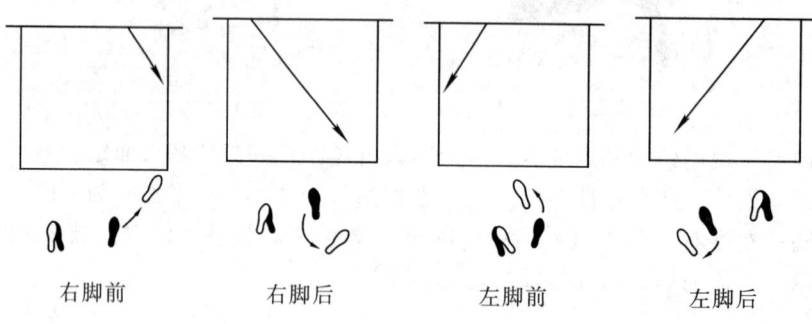

右脚前　　　　右脚后　　　　左脚前　　　　左脚后

图4-24　单步

2. 跨步（图4-25）

作用：比单步的幅度大，多用于正手扑救空当以及削球手左右或向前移动救球。

动作要点：移动方向的异侧脚用力蹬地，同侧脚向移动方向迈一大步。这一步的大小要以来球落点而定，为了保持重心平稳，应在同侧脚落地的同时，异侧脚跟进一小步。

3. 并步（图4-26）

作用：身体起伏较小、重心稳定、移动灵活，常为进攻型或削球手在左右或前后移动时运用。

动作要点：离来球远的一只脚先向另一只脚并一小步，靠近来球的脚再迈出一步还击来球。

4. 跳步（图 4-27）

作用：移动速度快、范围稍大、利于发力，近台快攻选手多采用于向左右移动攻球。它是攻防转换中常用的步法，现在的侧身攻中也经常使用。

动作要点：距来球方向远的一只脚首先启动并用力蹬地，身体重心迅速移过另一只脚时，双脚迅速向左或向右，同时跳移。最先移动的脚先落地，另一只脚跟着落地。

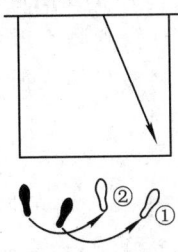
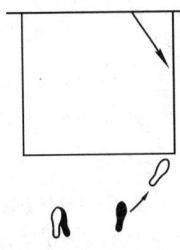
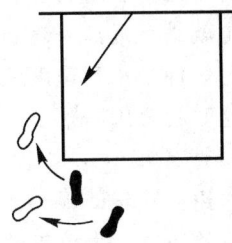

图 4-25 跨步　　　图 4-26 并步　　　图 4-27 跳步

跳步运用时两脚不一定完全离地，它与并步和滑步在移动方法上很相似，只是双脚移动交换的速度和向上跳动的幅度略有不同。

5. 交叉步（图 4-28）

作用：移动范围广、幅度大、动作复杂，看似难以接到的球用此步法有可能化险为夷。如侧身攻后右大角扑救，或从右大角回反手位球，尤其是削球手扑救两个大角球时这更是必须使用的步法。

动作要点：以靠近来球方向的脚尖先转向来球一侧或稍移半步，再将身体重心移至此脚；远离来球方向的脚迅速向来球方向从支撑脚前跨出一大步（这一步与支撑脚在体前形成交叉状态），落地后，用腰和髋关节的力量，将靠近来球方向的脚紧跟再近一大步，落地瞬间转腰、挥拍、击球一气呵成。

6. 跨跳步（图 4-29）

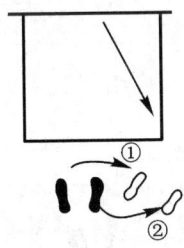
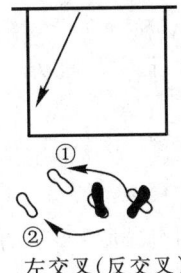
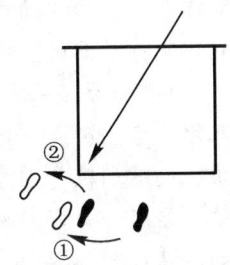

前交叉（正交叉）　　　左交叉（反交叉）

图 4-28 交叉步　　　　　　　　　　图 4-29 跨跳步

作用：此步可用于改变身体方向，侧身攻落在左半台的机会球。它移动范围大、使用率高，多在侧身攻或侧身冲拉球时使用，常被近台快攻和弧圈球练习者采用。

动作要点：此步法又称后交叉步，即远离来球方向的脚经体后向来球方向跨一大步，在还未落地时离球近方向的脚已经启动，形成在空中的跨跳交叉状态，这时的腰、髋带动身体在空中向右侧转动，两脚几乎同时落地并形成向后引拍，落地后以腰、髋带动右臂迅速挥拍击球。落地时左脚在前，右脚在后，身体重心在右脚上，身体已侧对球台。

运用此步法时有两种情况：一种是慢交叉，即后交叉，多用于拉削过来的球，也就是在远离来球方向的脚经体后交叉时速度稍慢，有较少腾空或不腾空；另一种是来球速度快，侧身快，突袭来球时必须迅速调整身体，抓住机会，这时就要用跨跳步，才能使身体的调整在最短时间内完成。

7. 小碎步

作用：碎步即很小的步法，由于步小重心就稳，可用于身体重心的调节、击球后的还原、大范围移动前的预动或是不同步法之间的衔接、取位等。

动作要点：做小范围、不停的快速移动，便于调整自己的站位位置，寻求最好的击球姿势。有时是高频率的原位小垫步。这种步法只是一个过渡或预动，其目的是与其他步法的配合使用。

8. 小跳步

作用：可调节脚步间的距离和随时调整身体重心，还可有机地将单步、碎步串联并用，使移动更加快速，身体重心更易调整。

动作要点：双脚以前脚掌落地，几乎同时轻跳或轻蹬一下，有时两脚近乎未离地面。不论双脚离地与否，身体重心已完成了调整，身体也已完成了调动，为击球做好了准备。

9. 跑动步

作用：能最大范围地扑救来球，动作自然，步法速度快，也便于调节其他的步法，最大远度地到达要击球的地方。

动作要点：步法随意，步幅和方向没有限制，只要向来球方向快速跑动即可。可向前、向后、向左、向右跑动。

10. 换步（图 4-30）

作用：步法灵活、方向随意、活动范围适中、身体重心还原快，攻球和拉攻中经常使用。

动作要点：一脚向来球方向移动一步，另一只脚随即跟上移动一步，落地后重心仍在两脚之间，身体姿势基本不变，过渡时整个身体较平稳，根据来球变动身体的朝向。

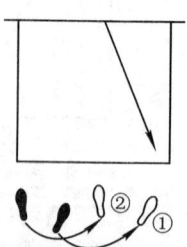

图 4-30 换步

（四）步法在实践中的运用

1. 接台内球和近网球时采用的步法（图 4-31，图 4-32，图 4-33，图 4-34）

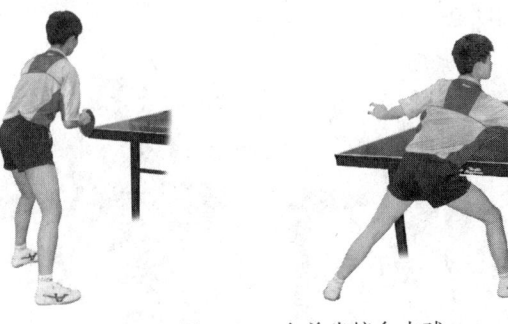

图 4-31　右单步接台内球

图 4-32　左单步接台内球

图 4-33　单步右脚
向前接中路短球

图 4-34　单步左脚
向前接中路短球

图 4-35　单步侧身

单步向前，重心稍移，左脚可稍动或不动，接球后迅速还原。

接中路球比较灵活，左、右脚随时调整，也要看击球时身体所处位置，及时调整步法。

2. 侧身攻球时采用的步法

（1）单步侧身（图 4-35）：快攻和弧圈练习者多用，动作小、速度快、力量不大，多用于来球推中侧攻一板或搓中侧拉一板。

（2）跳跨步侧身（图4-36）：远离球的脚经身后向左侧跨一步的同时，左脚离地跳步移动，但要适当控制跳起高度，落地后身体朝向球台边线，重心在右腿上，手臂成引拍状态。

图4-36　跳跨步侧身

（3）换步侧身（图4-37）：移动方向近侧脚先跨一步，另一只脚紧跟着移动一步，落地后两脚之间距离与移动前相似，身体朝向球台边线，重心在右腿上，手臂成引拍状态。

图4-37　换步侧身

（4）并步侧身（图4-38）：与换步侧身相反，移动方向远侧脚先移动一步，近侧脚随之移动一步使身体朝向球台边线，重心在右脚上，手臂成引拍状态。

图4-38　并步侧身

（5）后交叉侧身（图4-39）：这种步法有些与跳跨步侧身相似，只是在移动过程中不腾空。

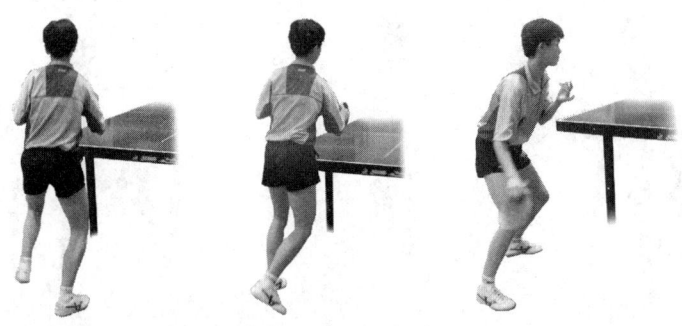

图4-39　后交叉步移动

（6）侧身攻球：侧身攻球时要注意观察球的落点，落点在台内近网时，移动的方向要向左前方，身体重心要稍高，稍向前一些；来球在端线或是出台球，移动步法稍平稳，重心要稍低些，移向右腿上（图4-40，图4-41）。

图4-40　来球台内　　　　　图4-41　来球出台

3. 从台左向右移动的步法

（1）单步：用于在对攻中的近落点移动或应对打到中路稍偏右的来球（图4-42）。

（2）跨步：用于接加力推至右台区的球或接突发至右方的快球（图4-43）。

图4-42　稍偏右时的单步击球　　　　图4-43　跨步击球

（3）并步：在平时练习时或比赛中经常使用。削球手也经常使用此步法，尤其练习走位攻时，该步法的运用更是必不可少的（图4-44）。

图4-44 并步移动

（4）换步：这是与并步一样重要的步法，在正、反手攻球或左推右攻中使用较多（图4-45）。

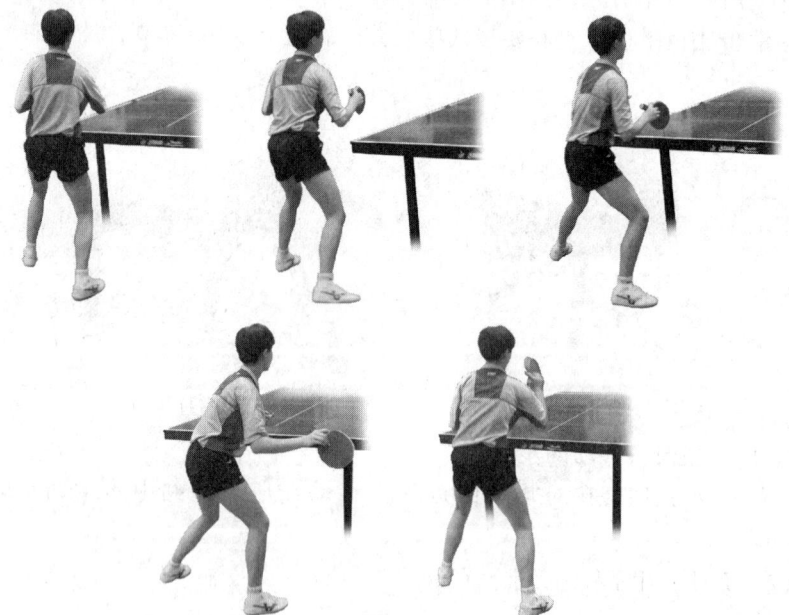

图4-45 换步移动（左推右攻）

（5）跳步：弧圈型打法选手使用多一些，也可与滑跳步结合使用，在连续进攻中使用较多（图4-46）。

（6）组合步法：在实际练习和比赛中，练习者使用的步法不是一成不变的，如并步和换步的互换使用，具体视场上情况随时变换。

（7）交叉步：该步法是侧身攻后快速扑救大角的移动步法，削球手在救左、右大角时也使用这种步法（图4-47）。

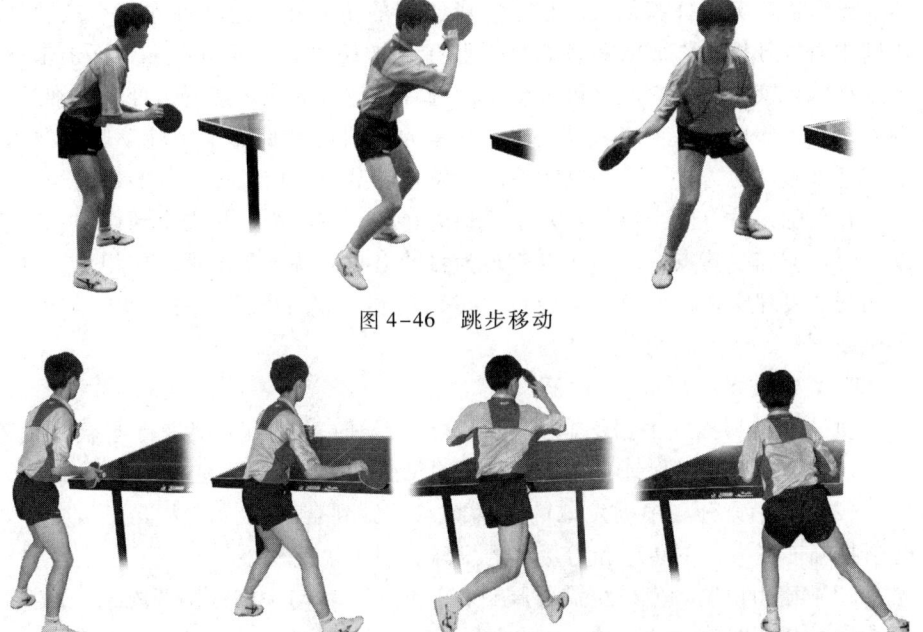

图 4-46　跳步移动

图 4-47　向右交叉步移动

4. 从台右向台左移动的步法

以上从台左向台右移动的步法均可以使用，但使用多一些的步法应该是并步、换步或组合步法以及交叉步和跳步。基本方法同上，只是方向相反。

（五）步法练习方法

（1）首先学习步法的基本要求，弄清步法的区别，从理论上学懂。
（2）徒手模仿各种步法，做每种步法要膝盖稍屈，重心平稳，便于启动。
（3）结合徒手或持拍练习各种步法。
（4）用多球练习一种技术和一种步法（如打台内球练单步）。
（5）用多球练习一种以上技术和步法（如左推右攻练习左右移动）。
（6）用多球练习组合技术和步法（如推、侧、扑练习）。
（7）用单球做各种步法练习和技术练习（如两点一线和一点两线）。
（8）运用技术、战术配合练习步法。
（9）在比赛中运用和提高。

四、乒乓球技术

（一）发球技术

1. 发球的特点

发球是比赛中每一回合的开始技术，是唯一不受任何人和物限制的技术，是自己可以充分发挥和创造的技术。由于它的主动性、隐蔽性和具有威胁性，规则中对发球做了许多限制，如必须垂直上抛16厘米、下降时在台面上击球、无遮挡等，就是因为它能够最大限度地施展发球者的战术意图，谁发球谁就掌握主动权。因此，每个练习乒乓球的人都希望自己掌握几手制胜发球的技术，能够达到破坏对方战术、限制对方技术发挥，甚至直接发球得分的目的。

目前的发球有两个目的：一是以快为目的。它的特点是出手动作快，以速度和突击空当、落点好。二是以旋转为目的。它的特点是出手动作相似，以近乎相同的发球动作，发出不同旋转的球以达到迷惑对方的目的。如转与不转、上旋或下旋、侧上或侧下等。

2. 发球技术的要求

（1）调整握拍。根据不同方向的发球，随时对握拍手型进行调整，尤其是虎口不要太紧，以保证手指和手腕的灵活性。

（2）引拍充分。根据发球的技术特点，做到合理引拍。力量大、加转球时引拍幅度稍大；不转球和力量小的发球，引拍幅度稍小。

（3）用力协调。发球也需要脚、腿、腰、手臂与手腕的协调配合。

（4）出手突变。速度快，变化隐蔽好，用相似的手法发出不同旋转的球，尤其在触球瞬间手腕的突然发力是最重要的。

（5）落点准确。速度配合落点，加上旋转，使落点远、近结合，左、右变化，长、短交替。

（6）技术配套。要与自己的打法特点紧密相连，用发球配合自己技术的发挥。练习几套绝招，要有自己的发球特点。

（7）创新意识。每一种发球都由创新而来。在实践中要仔细琢磨，争取创出新的发球技术。

3. 发球技术分类

（1）低抛正手发球

① 正手发平击球（图4-48）

图4-48 平击球

发球作用：速度一般，不带或稍带上旋，是最基本的发球技术。

动作要点：两脚开立，左脚稍前，在持球手持球上抛的同时，持拍手向右后引拍，在球的下降期拍面稍前倾击球中上部。

② 正手发右上侧旋急球（奔球）（图4-49）

图4-49　正手右上侧旋急球

发球作用：由于其速度快，极具威胁性，可突袭站位偏左练习者的右方空当，有时有奇效；因经球拍在球的右后部猛力摩擦，使球形成右上侧旋转，落台后向左侧拐弯，冲力较大。

动作要点：左脚稍前站立，身体略向右转，在持球手持球上抛的同时，持拍手向右后上方引拍，在球下降期由大臂带动小臂，经右后方向左前方迅速挥拍，腰随臂转回，在球拍触球瞬间，手腕突然抖动加力，摩擦球的右后中上部，第一落点应接近端线。

③ 正手发下旋加转与不转球（即转与不转球）（图4-50）

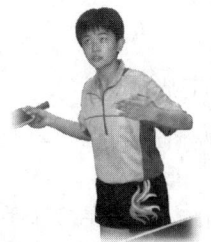

图4-50　正手发下旋与不转球

发球作用：以转与不转和难以辨认的发球动作，给对方造成视觉上的错觉，使其判断错误，为自己制造进攻机会。

动作要点：在持球手上抛球的同时，持拍手向右后上方引拍，在球的下降期手臂由后上方向前下方挥拍，触球中下部。

发不转球：触球中部，用拍面的偏右位置触球，触球瞬间用拍推球。

发加转球：触球中下部，拍面后仰角度大些，用球拍的偏左位置触球，触球瞬间加力摩擦。但摩擦后动作继续向前，做出发不转球的假动作。

④ 正手发抖动转与不转和上旋球

发球作用：一种手型发三种球，更增加了胜算把握，给对方造成了更大威胁。

动作要点：在上面下旋和不转的基础上，又增加了上旋球，是通过手腕的

91

加速抖动及摩擦的瞬间改变产生的。如上所述,如果摩擦下旋与不转球是在向下挥拍过程中完成的,那么,上旋球则是在向前上的过程中完成的,球拍在向前上挥动过程中摩擦了球的中上部而使球产生了上旋(图4-51)。

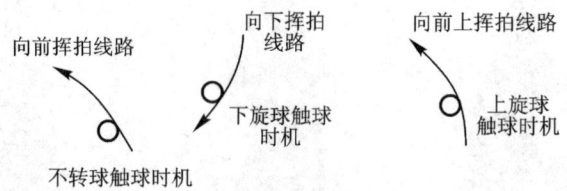

图4-51　发球挥拍线路

如图4-52所示,该球是在发转球时由手腕向下抖动而形成的,再继续向上的抖动只不过是假动作。向下挥动球拍,在向上与向上下交汇处触球的中部,并推球向前,则是不转球,再继续向前挥拍是假动作。注意:在从上向下挥拍过程中不能触球。而由下向上时触球中上部,摩擦产生的是上旋球。

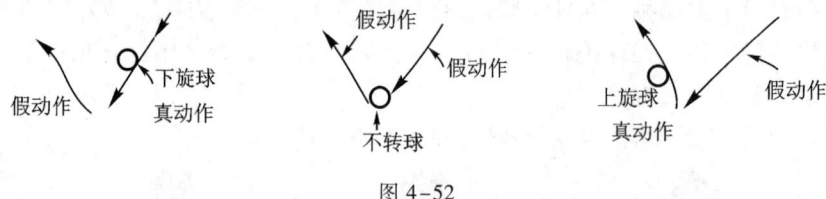

图4-52

⑤ 侧身正手发低抛左侧上下旋球

发球作用:这种发球的旋转较强,还会使对方产生错觉,强烈的侧上和侧下可以为进攻创造机会。

动作要点:一般站位在球台左角,在持球手向上抛球的同时右手向右后上方引拍,在球下降期,拍触球的右侧中下部,若向左侧下部摩擦,则使球产生左侧下旋;若拍触球的右侧中下部向左侧上摩擦,则使球产生左侧上旋(图4-53)。

图4-53　侧身正手低抛左侧下和左侧上旋球

这种发球可配合落点的变化(如左右落点)大角度和线路的变化,增加对方接发球的难度,发挥它的最大效力。

（2）低抛反手发球（图4-54）

① 反手平击球

发球作用：适合初学者使用，在练习反手发球时可体会对时间、空间的感觉，也可在基本练习时使用。

动作要点：在球台左角站位，左手持球在右臂上。在向上抛起球的同时，右臂向左后引拍，在球下降至网高时，持拍手以肘为轴，前臂带动手腕挥拍触及球的中上部，向前挥拍。第一落点在球台中后区。

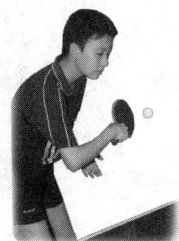

图4-54 反手平击球

② 反手发急上、下旋球（反手奔球）（图4-55，图4-56）

发球作用：急上旋球可突袭对方空当，产生意想不到的效果。由于发球速度快、突然，所以这种发球法可打乱对方步法，使其无法应付。

动作要点：站位准备均同上。球落到比网低比台面高时，在球拍前倾触球的中上部的瞬间，类似反手攻球，用爆发力使球产生急上旋；在发急下旋球时，拍面稍后仰，手腕发力向前下方弹击球体的中下部（直握拍者拍后三指向前发力），送出瞬间手腕稍向下弹动，加速球体的下旋。

图4-55 反手发急上旋球

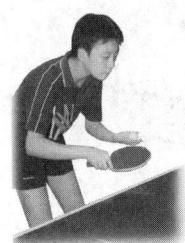

图4-56 反手发急下旋球

③ 反手发短球（近网球）（图4-57）

发球作用：迫使对手上步击球，改变其身体重心，给发球方制造打追身或改变球方向的机会，打乱对方脚步，为自己寻求进攻的机会。

动作要点：准备动作与长球相似，只是引拍至左后方。当球降至网高时，前臂向下挥动并轻微用力，拍面后仰触球中下部，向前送出。第一落点在中前台。

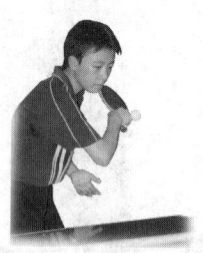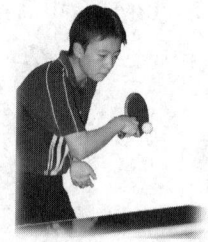

图4-57 反手发短球

反手发短球也可因摩擦球体后的挥拍方向不同而产生出右侧上旋球、右侧下旋球、下旋球和不转球。因此，在平时的练习中，要多体会球拍接触球体后的微妙变化，使动作尽量相似，以达到迷惑对方、以假乱真的奇效。

除旋转变化以外，也要注意落点的变化。落点刁、变化多，收到的效果和产生的作用和旋转变化是相同的。

④ 侧身发右侧旋球

发球作用：突然变换球的旋转方向，使对方判断错误，从而获得进攻机会。

动作要点：这是从正手侧身发左侧下旋和左侧上旋球演变而来的。先以一个左侧和左侧上的假动作做掩护，在从上向下挥拍时不触球，而在适当的触球时机突然改变挥拍方向，再从下往前上挥拍，触及球的左后下部向右侧摩擦球体，使球产生右侧旋（图4-58）。

图4-58 侧身发右侧旋球

以同样的发球方法，只要改变球的摩擦用力方向，还可以同时发出右侧上旋和右侧下旋球。球拍触及球的左后下部向右侧上摩擦即得右侧上旋球；球拍触及球的左后下部向右侧下摩擦即得右侧下旋球。

⑤ 反手发右侧上、下旋球（图4-59）

发球作用：利用旋转变化迷惑对方，为自己创造进攻机会。

动作要点：在球台左角站位，左手在右手上持球待发。在持球手上抛球的同时，持拍手向左后引拍，拍面稍后仰。发右侧下旋球时，持拍手从左上方向前右侧下方挥拍，触球的左侧中下部并向右侧下方摩擦；发右侧上旋球时，球拍从左上方向右侧上方挥拍，触球的左侧中下部并向右侧上方摩擦。整个挥拍过程与正手左侧下、上旋的挥拍过程相反，成凹形轨迹。

图4-59 反手发右侧上、下旋球

以上第③、④、⑤种发球方法可交叉使用。在反手近乎相同的发球动作上，改变触球部位和摩擦挥动方向，就可用隐蔽的手法发出不同旋转和落点的球，效果十分明显。

（3）侧身正手高抛发球（图4-60）

高抛发球是我国选手发明创造的一种风靡世界的发球方式。它可以将球上抛高达2~3米，在正常的发球用力时，增加了球下降时对球拍的压力，使发出的球更急、更转、更快。

高抛发球时应注意的问题：

① 站位：在球台左角站位，左脚前，右脚后，重心在左脚上，身体与球台约成45°角。

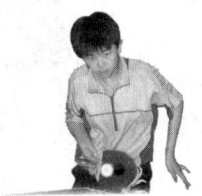

图4-60 高抛发球

② 抛球高度及降落位置：不能一味高抛，应以稳、准为原则。左手持球上抛时，肘稍贴身体左侧，用前臂带动手向上垂直抛球，这是发高抛球的重要环节，直接影响击球质量，并应使球降落在身体的右侧前方。

③ 挥拍路线：球下降时，右手持拍向右后上方引拍，待球降至合适位置时，沿右后上方做向左下的弧线挥动，并紧接一个向前上方的突然抖动。

④ 旋转区别：当选手持球拍从右后上方向左挥时触球，可使球产生左侧、左侧下、左侧上的旋转（动作同正手低抛发球动作）；当选手持球拍从左向右前上方挥时触球，可产生右侧和右侧上旋球或急球。

⑤ 击球点：身体偏右，约离身体 15~20 厘米。

⑥ 握拍变化：直拍选手在挥动球拍过程中要注意拇指、食指和拍后三个手指在不同阶段的力量分配。向左下挥动时，拇指、食指用力多些；向右上挥动时，拍后三指用力多些，尤其手腕要紧密配合。横拍选手在发高抛球时，需改变握拍方法，食指、中指、无名指和小拇指均应自然置于球拍反面。

（4）下蹲发球（图 4-61）

我国选手于 20 世纪 50 年代最早使用下蹲式发球。由于规则对合力发球的限制，下蹲发球也受到制约。有的下蹲发球是站着抛球、下蹲击球，也有的抛球、击球全是半蹲式。横握拍选手发此球较方便，而直握拍选手发此球则要改变握法，其握法与横握拍高抛发球时的握拍方法相同，拇指在拍前，四指在拍后。

下蹲发球和其他发球的不同之处就在于这是唯一一种自下向上用力，即逆向用力的发球方式。该方法虽属上手类发球，但由于球的下降压力与球拍自下而上用力的反作用力的形成，会使对方突感不适，所以发球效果极佳。

下蹲发球时，应注意抛球和下蹲时机的配合、发球后身体重心迅速还原以及发球的站位。一般正手技术较强者选择站台左侧；两面拉攻选手则可选择台中或偏左。

图 4-61　横拍下蹲发球

击球要点：

抛球后两腿下蹲，当球降至头的右前上方时，持拍从下向上摩擦球体，一般可发出右侧上、下旋或左侧上、下旋球。

发右侧上、下旋球时，左脚可稍前，身体略向右转，自左后方向右前方挥拍。触球左中部向右侧上摩擦为右侧上旋，向右侧下摩擦为右侧下旋。

发左侧上、下旋球时，两脚可稍平，自右后方向左前方挥拍。触球右中部向左侧上摩擦为左侧上旋，向左侧下摩擦为左侧下旋。

4. 发球的练习方法

（1）初学者应先学习徒手抛球和引拍及挥拍击球的协调配合。

（2）先学发正手平击斜线球。

（3）学习正手发急上旋球和下旋球。

（4）学习反手发平击斜线球或不定点球。

（5）学习反手发急上旋球和下旋球。

（6）练习发直线球。

（7）练习发不同落点的长球。

（8）练习用多球发不同旋转和线路的球。

（9）发旋转球时，先练单一性能的发球，再逐渐过渡到用相似动作发不同旋转的球。

（10）学习发球时，先正手后反手，先斜线后直线，先单一后变化。

（11）将已掌握的发球形成组合，并配套使用。如发右侧上、下旋球与近网短球配合运用，直线长球和短球配合使用等。

（12）形成自己的发球风格，与个人技术相结合，形成绝招，争取抢攻机会。

（13）根据对方技术、站位选择发球方法，同时也要注意观察对方，从中发现漏洞，再决定自己的发球方法。

（14）不论练习哪种发球，都要严格按规则要求，否则等于白练。

（二）接发球技术

1. 接发球的特点及要求

首先要摆脱恐惧感，不要没接球先害怕。然后变被动为主动，能打则打，能拉则拉，并且积极为下板创造机会，以此解决发球抢攻的问题。

目前接发球也有两个特点：一是接发球抢攻明显增多。过去打球比较保守，多用搓球过渡，而现在接发球得分较以前明显增多。二是接发球摆短。摆短是为了过渡，并为最终起板创造机会。

2. 接发球技术

（1）接发球的重要性：比赛中有多少发球机会，就有多少接发球机会。

好的接发球不但可以破坏对方发球意图，而且还会给自己创造抢攻条件，或者可以直接接发球抢攻得分。如果接发球技术不好，不仅会使对方有更多的抢攻机会，而且还会造成自己技术上的被动，甚至直接失分。那样，就会因技术发挥失常而引起心理上的紧张。

（2）接发球的要求：①端正思想，消除恐惧，克服求稳思想，要敢于上手，能拉则拉，能点则点，尽量减少轻触慢搓。实在不能进攻就尽量破坏对方发球抢攻的意图。②勤学苦练，弥补不足。从简单学习，逐渐提高接发球技术，逐渐提高对球的旋转的体会。对旋转方向的体会是一个长期过程，要多加练习，从中寻找解决办法。③掌握基础，提高技术。接发球技术有很多，可用搓、推、摆短、撇侧旋等，也可以用点、拨、拉等方法抢攻，还可以以守为攻，用削的方法。但不论哪一种，只有全面掌握各种接发球技术，才能在比赛中争取主动。④密切观察、注意变化。无论对方发的是长球或短球，直线球或斜线球，还是旋转性能强弱不同的来球，均需要紧盯球与拍的接触瞬间，仔细观察其各种变化（力量、速度、旋转、方向、线路及挥拍幅度等），以便做出准确判断。

（3）接发球的站位：选择正确的站位是接好发球的前提。首先要根据对方发球的位置决定自己的站位。如对方在右角发球，接发球站位应站中间；对方左角或侧身发球，接发球站位应偏左。其次是对长、短球的判断。对方发球的长短很难预料，因此，要选择合理的站位距离，既不可太远，也不可太近，应站在随时能调节的地方，一般离台约40厘米。

（4）练习接发球的方法：

① 首先了解球的性能，用一种技术接多种发球。如让对方发急球、上旋、下旋等，接发球方用推挡接球，同时要观察球飞行的方向，体会球的各种旋转。

② 先练习用推挡接一般平击球和急上旋球。

③ 练习用搓接下旋球。

④ 练习用攻、削接一般力量的来球和接奔球。

⑤ 练习用拉接下旋球。

⑥ 练习用攻、削、拉接各种旋转球。

⑦ 一人发球，一人练习接发球。

⑧ 一人用多球发球，一人练习接发球。

⑨ 先接固定线路的来球，再接变化线路的来球。

⑩ 先接一点来球，再接落点变化的来球。

⑪ 先接单一旋转来球，再接旋转变化来球。

⑫ 学习接各种不同线路和旋转变化的来球。

⑬ 把所学的接发球技术用于比赛，从中找出不足，以利再练，不断提高自己的水平。

（三）推挡球技术

推挡球技术是我国直拍选手使用的重要技术之一，在左推右攻打法中占重要位置。其技术特点是站位近、动作小、速度快、线路变化多。

1. 推挡的一般站位和准备动作

离球台约 30~40 厘米，位于球台左半区，两脚开立，比肩稍宽，基本平行站立（根据情况两脚随时前后变化）。上体稍前倾，含胸，重心在两脚之间，膝盖微屈，将拍置于腹前，手臂放松。

2. 挡球（图 4-62）

特点和作用：挡球是最基本的技术之一，它是其他直拍技术的基础和过渡。

动作要点：击球前手臂外旋，球拍稍前倾，在球的高点期借助来球的力量，触球中上部，将球挡出。挡出时，上臂带动前臂前伸，触球瞬间手腕稍外展。

3. 快推（图 4-63）

特点和作用：回球速度快，命中率高，线路变化多而灵活。在双方相持中运用此技术可突袭对方空当，争取时间和机会。

动作要点：上臂和前臂持拍后引；击球前，上臂带动前臂迅速前迎；在击球上升期，触球瞬间前臂用力前推的同时手腕外展，触球中部偏上；用力时，食指稍压拍，拇指放松。

图 4-62 挡球

图 4-63 快推

4. 加力推（图 4-64）

特点和作用：回球力量重、速度快，加之落点变化，可迫使对方离台造成其被动局面。此技术可用于应对速度稍慢、来球弹起稍高、旋转较弱和力量较小的攻球。

动作要点：幅度比快推大，引拍较往后，拍与球的距离较远；击球前，要有上提动作，后收上臂，球拍略高于球或同高；在上升期或高点期，用前臂带手腕，加之拍后三指的弹击力，击球中上部；身体重心随击球向前移动。

图 4-64　加力推

5. 推挡球的练习方法和步骤

（1）做徒手挡球或推挡球的动作模仿练习，体会动作要点。

（2）对墙做推挡球练习。

（3）反手在半台内做两人之间的推挡练习，不限落点，只要求动作正确。

（4）先练习推挡球，再练习加力推；先慢速推，再快速推。

（5）一人加力推，一人用正常力量挡，两人轮换练习。

（6）一人正手攻球，一人推挡，两人轮换练习。

（7）一人可从推一点到推两点，另一人可练习左推右攻，两人轮换练习。

（8）先练习推斜线，后练习推直线。

（9）练习推挡不同落点，如一点推两点或一点推不同点。

6. 注意事项

易犯错误一：引拍不充分。上臂离身体远，不易发力，向前加力距离太短，不易控制球和发力。

纠正方法：多进行徒手练习，体会上臂引拍和前推的肌肉感觉并在实际练习中打出来。

易犯错误二：脚步移动不灵活。站位过死，或是步法练习没跟上，不能随球的落点变化移动脚步，适应范围狭窄。

纠正方法：多观察老师示范，多模仿，甚至多观察优秀选手的比赛，再在练习中体会。先小范围移动，再逐渐加大范围。

易犯错误三：手臂外旋不够。不能准确触及球的中上部，容易造成推球过高。

纠正方法：体会前臂外旋和手腕外展时的肌肉感觉，先做徒手练习后再用球体会。

易犯错误四：全身不能协调用力。只有手臂动作，不会运用身体的力量，推挡无力，缺少稳定性。

纠正方法：体会用腰、髋及下肢力量的协调发力，从徒手动作到用球练习时都要着重体会重心移动的配合感觉和方法。

（四）攻球技术

正手攻球是近台快攻练习者的重要技术之一，也是主要的得分手段。无论练习者采用哪一种打法或是哪一种技术风格，最具威力和最被看重的依然是正手攻球技术。

根据目前技术发展的形势来看，正手攻球应以快为主，且主要在近台，并应具备进攻各种来球（包括落点、速度、旋转、力量、节奏等）的能力。

1. 正手攻球技术

（1）正手攻球（图4-65）

特点和作用：正手攻球是学习正手其他技术的基础，为掌握其他高难技术打基础。

动作要点（以右手持拍为例，下同）：两脚开立，比肩稍宽，膝微屈，左脚稍前，含胸，身体稍右转，重心在右脚上，前臂持拍向右后引拍，球拍稍前倾，手与前臂水平（切忌手腕上翘和下吊）；击球时，右脚蹬地，身体左转，带动手臂向前挥拍迎球；触球瞬间前臂发力收缩；在球高点期，触球中上部，向前上方挥拍发力。触球瞬间有一摩擦动作，直握拍者拇指稍用力压拍，控制拍型；横握拍者靠食指调节球拍。

球出手后球拍挥至额前停止，随身体的重心一起迅速还原到准备姿势，为还击下一板球作准备。

图4-65　正手攻球

（2）正手快攻

特点和作用：站位近、动作小、速度快，也是平时练习的主要技术。

动作要点：站位、准备、引拍、还原（同正手攻球），只是在触球瞬间以打为主，略带摩擦，在上升期或高点期击球。

（3）正手快拉（图4-66）

特点和作用：快拉也叫拉攻，是对付下旋球的重要技术。它速度快、动作小、线路活，与突击动作较接近。

动作要点：引拍时，身体重心向右下稍降，球拍要比来球低；在球的下降前期触球中部（拉强烈下旋球时触球中下部），挥拍向前上方用力摩擦球体。

图 4-66 正手快拉

(4) 正手突击（图 4-67）

特点和作用：具有速度快、突然性强、力量大的特点，是对付下旋球的一种主动得分的手段。正手突击也叫低球起板。

动作要点：看清来球高低和旋转强弱后，选择不同的拍形和用力方向。当来球下旋力较强时，拍形要稍后仰，触球中下部，向前上发力并摩擦球，回球弧线应略高；当来球一般下旋时，则触球中部稍偏上，球拍稍前倾，用力方向以向前为主，回球弧线应略低。

图 4-67 正手突击

(5) 正手扣杀（图 4-68）

图 4-68 正手扣杀

特点和作用：力量大、球速快、威力大，可直接得分。是用于发力打高于网并且和肩同高的来球的技术。用力时配合腰、腿的发力以增加力量。

动作要点：站位视来球而定。持拍手随身体的转动向右后方引拍，引拍幅度要大，将整个手臂伸出；击球时以腰、髋为轴带动手臂向前发力；球拍将要接触球时，前臂突然收缩加力，击球中上部将球打出；球被击出后，手臂和身体迅速还原。

（6）侧身正手攻球（图4-69）

特点和作用：侧身正手攻球是用正手技术还击反手位来球的技术，可增加反手位的进攻能力，也是每一位练习者必备的技术之一。所谓侧身，就是用步法的移动将正手位全让开，使全身的力量完全用于球上。这种技术常与其他技术配合使用，如反手球接侧身攻接扑右角。

动作要点：侧身时机很关键。过早，容易被对方识破，用变线破坏侧身；过晚，侧身移步太迟，则影响攻球效果或无法侧身。因此，要选择恰当的侧身时机。一般应选择对方球拍触球瞬间迅速移步（侧身步法见前）。侧身后，左脚在前，右脚在后，身体重心在右侧，同时引拍向右后上方，用腰带臂加速挥拍，在快接近球时，前臂突然收缩，根据来球的力量、旋转与高度，选择击球技术。

图4-69　侧身正手攻球

（7）正手滑拍（图4-70）

图4-70　正手滑拍

特点和作用：突然变线、动作小、容易造成对方判断错误，可与其他快攻技术配合使用。

动作要点：站位近台，用手腕动作在触球的瞬间突然改变击球方向。接右侧台的来球时，手腕稍后屈便可打出直线。接左侧台的来球时，可用侧身滑打斜线。挥动球拍要快、突然，攻其不备。

（8）正手拉加转弧圈球（以左手为例，图4-71）

图4-71 正手拉加转弧圈球

作用和特点：又称"高吊弧圈球"，具有强烈的上旋，并伴有第一弧线较高、球速较慢，但第二弧线下潜速度较快、旋转极强的特点，能够很好地起到打乱对方节奏的作用，使其在时间、拍形上也不好做决断，是关键时刻得分的技术之一。这种技术通常在接发球和搓出台球以及削、挡、攻球时使用。

动作要点：两脚开立，右脚稍前，左脚稍后，收腹、含胸、屈膝，身体重心前倾，并落于两脚的前脚掌上，执拍于胸前。

来球时，用腰、髋带动上体向左转动，中心置于左脚的前掌内侧，上体带动手臂向后下方引拍，拍形稍前倾，这时腰的转动快于手臂，球拍引至腰下方稍后处；击球时，要求力量由脚、小腿、大腿、髋关节、腰、臂到手，最后作用于球拍触球的一瞬间；球拍运行路线是由后下方到前上方的弧线，在球的下降期击球的中部或中上部，在摩擦球的瞬间要向上挥动，拉出的弧线要高，速度稍慢，摩擦要薄。上旋强烈的弧圈球也称加转弧圈球。

拉弧圈球是又打又摩，以摩为主。因此，手臂不能伸得太直，引拍不要过低，拍形前倾角度不能过大，向上发力时也要向前发力，以免造成漏球、击球时间迟、发力效果差等现象。手腕要先向后伸，在触球一刹那，向前打击球后向上部摩擦，这样爆发力大，还能起微调旋转的作用，既加强了手腕对拍形、弧线的控制，又增强了摩擦力。

初学者常出现漏球、球擦拍边、找不准击球点等现象，故要多做徒手练习，牢记动作要领，逐步体会手、腰、髋、腿的配合和肌肉的感觉，培养手感。

（9）正手拉前冲弧圈球（以左手为例，图4-72）

图4-72 正手拉前冲弧圈球

作用和特点：第一弧线低而长，上旋更强烈，第二弧线前冲速度和下坠更快，对对手的威胁更大，增大了防守的难度，所以是得分的有效技术。此技术

105

被广泛运用,可在对付削、攻、拉、搓、接发球及相持时使用。

动作要点:基本技术与拉加转弧圈球相似,只要还击来球时在最高点或下降前期均可。身体重心稍高,向腰部侧后引拍,球拍稍低于来球;拍形前倾,腿、腰带动手臂,由侧后向前上挥拍,摩擦球的中上部,在拍和球接触的瞬间由小臂带动手腕、手腕带动球拍,加速对球的摩擦,使球增强旋转;动作过后迅速还原。

在正手反拉前冲弧圈球时,引拍后拉幅度要小,拍形前倾,于上升前期击球,运用腰、髋、前臂带动球拍发力稍多一些。初学者学习这种技术比较困难,应先练好拉弧圈球的基本方法,根据来球性能变化,调整动作、拍形、击球时间和触球部位,重视腰髋、重心的调节,做到移动步法到位。

(10)直板侧身拉弧圈球(图4-73)

图4-73 直板侧身拉弧圈球

作用和特点：球在反手位，机会好，可迅速侧身，用弧圈球技术进攻，是争取主动和抓住得分机会采用的技术之一。直拍选手更应该掌握和运用这项技术。

动作要点：与正手拉弧圈球相同，要注意正确选择侧身时机，步法移动要迅速，侧身要到位，并调节引拍方向、出手角度和挥拍方向，避免盲目侧身。

2. 反手攻球

无论哪种打法的练习者，均应掌握反手攻球技术。反手攻球可用于发球抢攻、搓中突击、接发抢攻等，不但可近、中台攻，也能攻下旋球。因此，反手攻球技术是重要的技术之一。

（1）直拍反手攻球（图4-74）

特点和作用：站位近、动作小、速度快、进攻性强。

动作要点：近台站位，右脚稍前，左脚稍后，身体略左转，使腰部扭紧，左侧稍高，右肩稍下沉，前臂后引球拍至身体左侧，略高于来球；用腰、髋的突然转动带动前臂向右前方用力，大臂贴近躯干，肘部内收，在球的上升期或高点期击球中上部，手腕压住球拍略带摩擦，食指压拍，中指在后，决定向前用力的方向，并将球击出；球出手后迅速还原。

图4-74 直拍反手攻

（2）横拍反手攻球（图4-75）

特点和作用：可以应对各种来球，包括搓、攻、拉、削以及接发球，具有较强的上旋和灵活的落点，技术动作不大且速度较快，对对方具有较大的威胁。

图4-75 横拍反手攻球

动作要点：腰的扭转和引拍比直拍反手攻幅度小。引拍至腹前，手腕稍后屈；在腰、髋略向右转动的同时，以手背带动球拍，手腕和前臂向右前上方发力，在上升期击球中上部，将球摩擦打出。

这一技术有时可与反手弹击配合使用。即在台内或近网出现了小高球或旋转强的球时，手腕迅速向后引拍，紧接着迅速向前以爆发力弹击球，也极具杀伤力，效果很好。

（3）反手快拨（图4–76）

特点和作用：站位近、动作小、落点变化多、速度快，可对付除下旋球以外的各种来球。

动作要点：前臂主动引拍向台内迎球，同时手腕控制球拍前倾，在球的上升期触球中上部，稍用力前送即可（主要是借力）。注意与线路变化配合使用。

图4–76　横拍反手快拨

（4）横板反手拉弧圈球（以左手为例，图4–77）

作用和特点：反手弧圈球目前已成为横板和直板的重要技术，它以出手快、弧线低、旋转强而成为两种打法的主要得分手段。主要在接发球、摆短时的出台球、发球抢拉或在搓中转拉时使用。

动作要点：站位于台后偏右约60～100厘米处，屈膝含胸，握拍置于胸腹之间，重心落在两脚的前脚掌上；迎球时，转髋带腰，腰带上体略向右转，大臂带小臂，主动向身体的右侧挥拍，重心落在右脚上，拍形稍前倾，在球的下降期触球的中上部，同时右脚蹬地，转膝蹬腿，以腰为轴带动左臂向前迎球，在触球的瞬间小臂带动手腕向前上方用力；球出手后，重心随着稍向上移动后迅速还原。

注意球拍不要太向后引，肘在整个动作中离身体不要太远，太远反而不利于发力。身体重心的移动要协调一致，与发力配合要恰到好处，这样才能将弧圈球拉稳、拉转。

图 4-77　反手拉加转弧圈球

（5）直板反手拉弧圈球（图 4-78）

作用和特点：与正手拉前冲弧圈球相同。

动作要点：两脚开立，比肩稍宽，右脚稍前，左脚稍后，重心落在左脚上，以腰带动身体，身体带动手臂，大臂带小臂左转，这时手臂自然弯曲于胸腹之间，手腕内收，球拍前倾，反面对准来球；在球的最高点或下降前期，击球的中部或中上部；在触球瞬间，左脚突然蹬地转膝、转髋，用腰带动手臂向前上方用力。

在用力过程中，大臂和肘关节拉动前臂后突然制动，给小臂和手腕的摩擦起到支撑和稳定用力方向的作用，这可使球拍更好地发挥鞭打动作，作用于球的摩擦力度大，旋转性加强。拉球后，动作迅速还原。

图 4-78 反手拉前冲弧圈球

3. 攻球技术练习方法和步骤

（1）认真听老师讲解动作要领并认真进行徒手练习（先原地，后加步法），体会正确的肌肉感觉。

（2）用多球一人发球一人攻球，只攻一球，重新发，重新攻。

（3）斜线攻球，用多球可连续发、连续攻，注意重心移动。

（4）两人一组练习攻球，固定线路（正、反手攻球）。

（5）一人推一人攻或一人推一人左推右攻（两点打一点）。

（6）练习1/2台攻两点，结合步法（一点攻两点）。

（7）练习全台走位攻，结合步法（多点攻一点）。

（8）攻球多线练习（一点打多点）。

（9）全台无规律攻球。

（10）推攻结合、对攻练习、正反手结合。

（11）结合实战，形成组合。

（12）攻球每项技术均可以从简到繁、从易到难、由浅入深地练习。也可从不动到动，提高在行进中的击球能力。

4. 注意事项

易犯错误一：重心移动不及时。初学者在击球的过程中，单纯手臂的摆动，不能使重心随之移动，既无法用力，又不协调。

纠正方法：多进行徒手练习，体会动作上下的协调用力和左右转换，然后再用球练习。

易犯错误二：架肘。引拍时后拉上臂，多与站位不当有关。

纠正方法：体会正确站位，引拍时前臂移动在先，不要上臂后拉。

易犯错误三：手、臂僵硬。手腕过于僵硬，会形成上翘或下吊；肘关节僵硬，会形成在击球的整个手臂不打弯，造成以肩为轴，在迎球击球时前臂收缩不够、击球无力。

纠正方法：放松各关节，多体会徒手时的肌肉感觉，再上台练习。

易犯错误四：击球时机过早或过晚。初学者往往掌握不好击球时间，要么打得早，要么打不着。

纠正方法：主要是因练习少，对球在空间和时间的感觉较差而形成的，多做练习就会逐渐改正。

易犯错误五：全身上下配合不好。初学者容易出现脚步移动不及时或不到位，想打的球打不着或打得晚的现象，这是脚步移动的问题，从而导致上、下肢配合不协调，有点心有余而力不足的感觉。

纠正方法：只要坚持练习一段时间，并且注意步法练习，随着技术的提高，配合会越来越自如。

（五）搓球技术（图 4-79）

这是一项过渡性技术，通常用来对付下旋球，初学者更应掌握此技术。

1. 慢搓

特点和作用：球速慢、稳，是初学者的必学技术之一。

动作要点：右脚稍前，左脚稍后，身体配合手臂主动向前迎球；在球的下降期，球拍后仰，摩擦球的中下部，以前臂发力为主。在直拍选手反手搓球时以食指和中指发力为主，拇指配合，而在正手搓球时以拇指和中指发力为主；横拍选手应使拇指和食指协调发力，向前下送出。

图 4-79 横拍反手慢搓

2. 快搓（图 4-80）

特点和作用：回球速度快、弧线低，可用于对付、接下旋球和侧下旋球。

动作要点：近台站位；击球前，前臂带动持拍手迅速前伸，球拍稍后仰；

在上升期触球中下部，用手腕带球拍向前下方用力。

图 4-80　横拍反手快搓

3. 搓球练习方法和步骤

（1）徒手模仿搓球动作，体会正确的肌肉感觉。

（2）自己向球台抛球，弹起后再搓球过网。

（3）对方用多球发下旋球，自己用搓球技术接球。

（4）对搓练习。

（5）练习正、反手快搓短球。

（6）搓球与拉攻结合。

（7）对方发球时，用搓球技术接球。

（8）接对方发球时，以相反旋转方向快搓回对方球台，观察快搓效果，逐渐提高快搓技术。

4. 注意事项

易犯错误一：球拍上引不够，没有为向下用力留出充分的挥拍空间，因此，向下用力不够。

纠正方法：一定要屈臂引拍，练习上引下切的动作过程。

易犯错误二：拍型控制不好。不是后仰过度，就是后仰不够，搓球时要么太高，要么太低，造成出界或下网。

纠正方法：从慢搓不太旋转的球开始，逐渐过渡到正常下旋球。

易犯错误三：接触球的部位不对。搓球高低除拍型以外，很可能与触球部位有关。

纠正方法：可在慢搓与单球练习时仔细体会触球的感觉，在球的下降期击球。

易犯错误四：向前下送球不够，搓球动作没有完成。

纠正方法：从徒手练习开始，先体会完整动作，再练习慢搓。

（六）削球技术

削球技术是削球型选手的必备技术，这里只介绍一般性削球、削突击球和扑接近网球技术。

1. 削一般拉球

特点和作用：这是初学削球的最基本技术，由于来球上旋力不太强，因此比较容易掌握。

动作要点：

① 正手削球（图4-81）：右脚后，左脚前，两脚开立，膝盖微屈，重心在右腿上，后引球拍至右肩高，球拍略后仰或基本与台面垂直；在来球的下降前期，随着身体向下、向前、向左的转动，带动手臂向下、向前挥动，触球中下部，摩擦向前送出，送出后迅速还原。

图4-81 横拍正手削球

② 反手削球（图4-82）：左脚后，右脚前，身体略左转，引拍至左肩高，拍型与台面基本垂直；随着身体向下、向前、向右的转动，前臂挥拍在来球的下降前期触球中下部，摩擦发力向右前送出，送出后迅速还原。

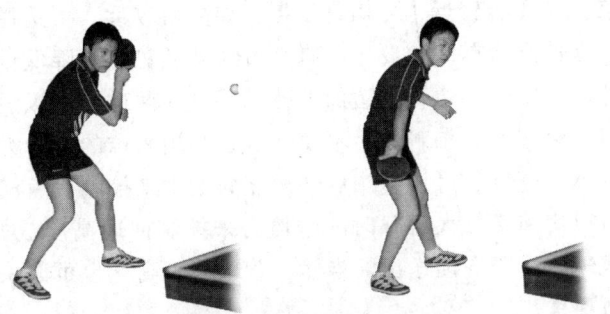

图4-82 横拍反手削球

2. 削突击球

特点和作用：突击球对削球手威胁最大，是战胜削球选手最有力的技术。因此，削球手要想与攻球手抗衡，就必须掌握此技术，既要降低突击球向前飞行的速度，又要用削突击球带来的回球速度、弧线和准确的落点变化，有效地压制对方的进攻，以使被动转为主动。

一般有近台拦截法和远台削送法（图4-83）。

动作要点：

① 近台拦截法：近台站位，在对方搓中突击，在拉吊中突击以及在发球

抢攻中使用。在快速后退中提引球拍，拍型要垂直，然后对准来球，由前臂带动持拍手协同身体重心快速下切拦截，在向下用力中，手腕要控制好拍型。

②远台削送法：站台较远，多用于削对方的连续突击球或拉中突击。步法和引拍同削一般拉攻，只是要尽量在来球的速度变小及旋转减弱的情况下再削，因此，往往要在下降中后期击球。

图 4-83　横拍正手削送

3. 扑接近网球（图 4-84）

特点和作用：这项技术往往是对方用大力扣杀和拉长线球后，逼削球者远离球台后使用的扑救技术。因此，在一般情况下，削球者是从远台扑救近网。该技术的关键是步法移动和对来球的准确判断。除此以外，接球时还要考虑好回球落点和还击方法。这一技术有时可使被动变为主动。

动作要点：如离台较近，可用跳步接；如离台较远，可选择并步、交叉步或跑动步接。在冲到台前时，要用前脚掌着地并顺势屈膝降低重心以缓解前冲力，保持身体的稳定性，边移动边前伸持拍手。在回球使用以短制短时，可用搓球控制落点。轻搓时，拍触球后不要前送，利用来球的反弹力将球轻搓过网即可。对于回球的高度，可用球拍后仰角度的大小来控制。后仰角度越大，回球越高。也可以用前臂加大触球时的摩擦力来控制回球高度。如需回长线球，可用前臂在触球时适当向前送出。当然，若球比较高，也可以采取突击、快拨的方式，收效更佳。

图 4-84　扑接近网球

4. 削球技术练习方法及步骤

（1）削球模仿动作练习，体会正确的肌肉感觉。

（2）一人用多球发球，一人练习削一般的来球。

（3）一人练习发球，一人练习用削球技术练习接发球。

（4）正、反手分别连续削对方拉过来的球。

（5）正手和反手两点削对方一点的练习，先有规律后无规律。

（6）用正手或反手削直线或斜线球。

（7）用正、反手结合削固定落点球（两个大角或中路）。

（8）一点削多线、突然变线、远削和近削结合等。

（9）一人拉中突击，一人练习削中接突击球。

（10）一人拉中摆短，削球者练习削接扑球、近网球。

（11）在以上练习中，寻找削中反攻的机会。

（12）结合实战，练习削球技术，提高应变能力。

5. 注意事项

易犯错误一：引拍不充分。迎球时不能充分发力，削球不到位。

纠正方法：应从模仿开始，练习引拍至肩高，挥臂削球力量要集中。

易犯错误二：过于追求摩擦。容易造成球拍后仰，击球过高或不过网。

纠正方法：注意拍面稍垂直一些，多练习引拍动作。

易犯错误三：击球力量过大或过小。力量过大易造成出界，力量过小球不易过网。

纠正方法：多练习，体会触球时的力度以及手臂前送的幅度。

易犯错误四：击球后动作不衔接。

纠正方法：击球后要有连续动作，即球虽已离拍，但球拍仍要向前送出，把动作做完。

（七）新技术介绍

1. 减力挡

它是借助来球力量来控制拍型的回球技术，若与加力推结合使用效果会更好。在回击来球时，不要向前用力，而要随球的前冲力向回收拍等球，用微小的力量回击，使球过网。这种技术打破了正常的运动节奏，可以打乱对方的步法。

2. 推挤

可在对付各种发球和回接进攻球时使用。用力时不是单纯向前发力，而是稍微向侧下。

3. 摆短

可用来对付接发球、搓球。这是目前高水平运动员经常采用的用来控制对方进攻的一项技术。它借助对方搓球或发球的力量，回球接近球网并制造很低的弧线，使对方不能进攻。

4. 快带

分正手快带和反手快带。在击球上升初期，稍加力或借力使球回速很快。

5. 撇侧旋（侧拐）

是一项新创的技术，多被优秀选手用于接发球，这种技术用反旋转给对方制造难度。

6. 拉侧旋

是近几年一些优秀选手使用的技术，这种技术以落点刁、前冲力强、角度大著称，极具杀伤力。

7. 直拍横打

是中国的独创打法，刘国梁、马琳、王皓等选手使用得最娴熟。直拍横打弥补了直拍反手弱的缺陷，也加快了反手的进攻速度，增强了反手威力。

第三节　乒乓球技术练习方法

在复杂多变的乒乓球击球线路中，归纳起来有 5 条基本线路，即两条斜线、两条直线和一条中路线。练习也要从简单到复杂，由易到难。

知识链接 4-3

无论是否第一次，只要发球员明显没有按照合法发球的规定发球，接发球方将被判得 1 分，无需警告。

一、单线练习法

（一）单一线路上的单一技术练习

如右斜线对攻（图 4-85）。

（二）单一线路两个技术

虽然线路是一条，但可以练习快攻变拉攻或拉攻变快攻，快攻中变削或削中反攻等。

（三）同一条线路的长、短球结合

在长、短球结合中注意步伐的积极移动。

（四）多条线路变换练习

注意斜、直均衡，不要出现技术上的漏洞。既练习右斜、右直线，又练习左斜、左直线，也可以进行半台区练

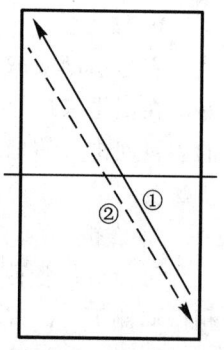

图 4-85

习等。

二、复线练习法

（一）一点打两点或两点打一点

1. 有规律的练习

即一点打固定两点或两点打固定一点。一点打两点规定落点练习，对固定手型、身体姿势和步法都非常有效。

两点设置可以是1/2台，也可以是2/3台，亦可以是全台（图4-86，图4-87，图4-88）。

2. 无规律的练习

（1）落点无规律：一点打两点的落点可无规律，每一点的板数无规律，这便对对方的技术提出了进一步的要求。

（2）技术无规律：两点打一点者可用正手走位攻，也可以左推右攻或结合侧身攻；一点的变化可左、可右，双方在练习中相互协商，可互换进行。

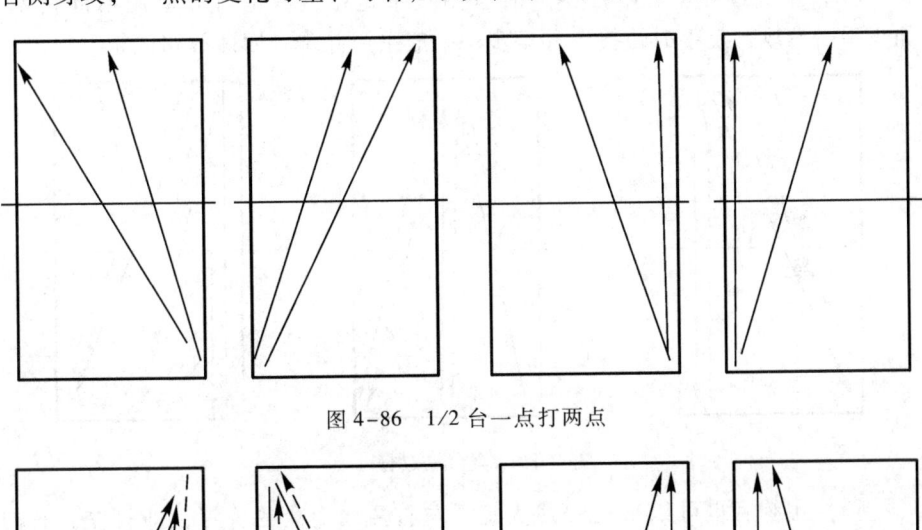

图4-86　1/2台一点打两点

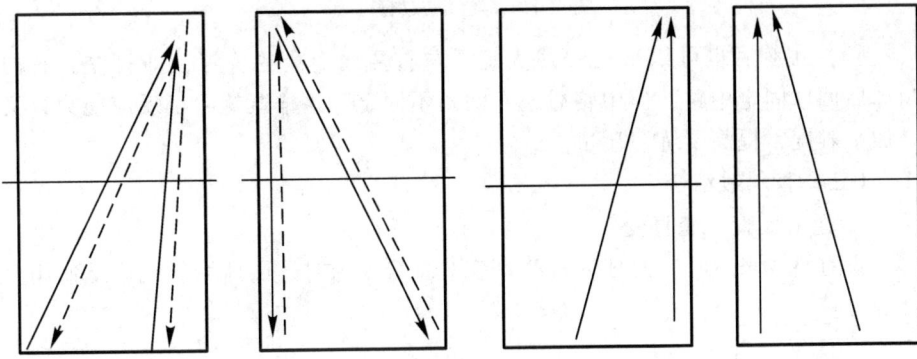

图4-87　2/3台两点打一点

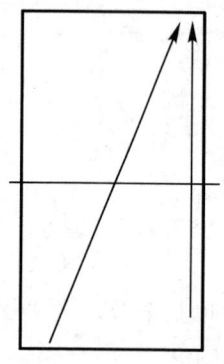 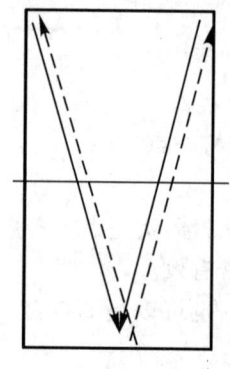 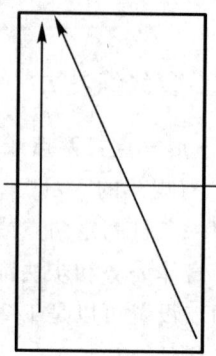

图 4-88　全台两点打一点

（二）三点打一点练习

（1）主练者可用 1/2 台、2/3 台打三点，也可用全台打；可以打右角，也可以打左角（图 4-89）。

（2）主练者可在三点打一点时全用正手走位攻，也可以运用不同技术，如正手时拉攻，反手时快拨。移动步法一般采用并步，回球线路固定。

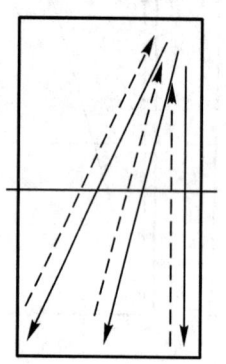 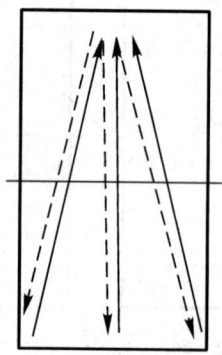 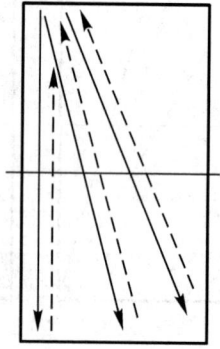

图 4-89　全台三点打一点

（3）主练者也可以采用中路固定、左右两线变化的练习，即打左、右两角球后回球固定中路，但中路后左右两角不固定。这样既练习了反应能力，又增加了难度，提高了练习质量。

（三）直斜线结合

1. 逢斜变直，逢直变斜

应对斜线来球时，回球为直线；应对直线来球时，回球为斜线。可使用全台练习。

2. 两斜对两直

一方只打两条斜线，另一方只打两条直线。

3. 两直对一直一斜或两斜对一斜一直

（1）两直对一斜一直：一方只打直线，用正、反手回球；另一方可用正手走位攻，也可用正、反手技术，但必须是一斜一直线路（图4-90）。

（2）两斜对一直一斜：一方只打斜线，用正、反手回球，可用正手走位攻，也可用正、反手技术；另一方必须是一直一斜（图4-91）。

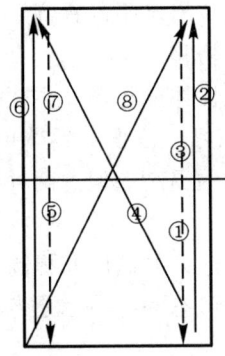 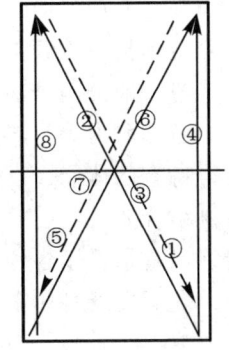

图4-90　两直对一直一斜　　　图4-91　两斜对一直一斜

以上列举的几种方法只是起到抛砖引玉的作用。由于在实战中线路的变化是不以人的意志为转移的，所以，平时的练习只是为了使技术更加熟练，战术配合运用更加自如，意识更加增强，在真正的比赛中要灵活运用，见机行事。

三、长、短球结合练习法

球的长、短变化就是落点的变化，运用力量大小的变化、线路左右的变化和旋转强弱的变化来变换球的落点、控制球的长短，能起到调动对方跑动范围和移动步法的目的。尤其是削球手，运用此技术更有效，若能配合使用长、短球，可起到打乱对方战术意图的作用。

四、多球练习法

这是无论对哪一级别的选手都非常重要的练习方法。它可以最大限度地控制落点和练习强度，增加练习密度和难度，是能集中解决某一项技术难题的有效练习手段。

五、帮教练习法

经常采用的方法有：男帮女练习法、水平高帮水平低的练习法和模拟对手练习法。这几种方法是提高技术最有效的手段，也是目前优秀运动员经常采用的行之有效的方法。

第四节　乒乓球体能练习

良好的身体素质是提高技术水平的物质基础，是形成和保持良好的竞技状态、胜任紧张工作和比赛必不可少的重要条件。尤其是优秀运动员，若不能承受较大运动负荷和提高专项素质，就会直接影响技术水平的提高。同时，体能练习也有助于培养运动员勇敢顽强、吃苦耐劳的精神。

乒乓球体能练习一般分两个部分。一是一般性体能练习，主要是全面发展人的力量速度、灵敏和耐力等；二是专项体能练习，依据乒乓球项目的特点，从专项练习中获得特有的体能，以促进专项技术的提高。但这两种身体练习应该相互促进、有机结合。

乒乓球体能练习是指采用各种练习手段，增进人的健康和提高身体各器官系统机能的水平，全面发展身体素质和改造身体形态的练习，是专项体能练习的基础。

一般体能练习包括力量练习、耐力练习、速度练习和灵敏素质练习。

一、力量练习

力量是人体肌肉收缩时所能产生的强度，是人体或人体某一部分用力的能力。乒乓球运动的技术动作所需力量均属动力性力量，即在做动作时肌肉的张力不变，只是肌肉的收缩使肌肉的长度发生了变化。当然，在乒乓球运动中也使用相对力量和快速力量。相对力量是人能操控自己的力量；快速力量指爆发力，是肌肉在极短时间里快速收缩的能力。

（一）相对力量

相对力量对乒乓球运动员比较重要，它要求运动员在保持一定重量的基础上保持最大力量。

（二）快速力量

快速力量指爆发力，是人在最短时间内发挥最大力量的能力，是在最短时间内肌肉快速收缩的能力。

（三）动力性力量练习

1. 练习负荷

指某一肌肉群能完成某一指定克服阻力动作的次数的最大值。如在一个重量上最多能举起6次，即最高负荷就是6次。

2. 练习时间

对初学者可安排负荷小、重复次数多些的练习，每周以3次为宜。注意运动后和各组间的充分恢复，可配合其他项目交替练习，这样既能达到预期效果，又不至于产生疲劳。

3. 练习方法

（1）俯卧撑（女生可半俯卧）；

（2）单杠引体向上（男）；

（3）负重屈肘；

（4）负重两臂平展；

（5）负重扩胸；

（6）负重挥拍；

（7）负重站立前平举；

（8）单、双手抛实心球（前后、左右或上下）；

（9）持哑铃或杠铃杆屈腕或屈前臂；

（10）上举杠铃；

（11）肩扛杠铃杆或扛轻重量杠铃做提踵；

（12）仰卧起坐；

（13）仰卧举腿；

（14）立定跳远或多级跳；

（15）台阶双腿交替跳；

（16）负重跳台阶；

（17）跳绳（单摇、双摇）；

（18）肩扛轻重量杠铃负重转体；

（19）负重蹲起或蹲跳起。

注：负重器材可用哑铃、杠铃、虎铃、沙袋、实心球，也可以用简易器材，如铁棍、砖等。

二、耐力练习

耐力是人们从生理上表现出的、在尽可能长的时间内进行工作和活动的能力。在大学生体育锻炼中，应把耐力练习作为一项重要的基础素质练习活动，它是增强心肺功能的有效锻炼途径。耐力练习又分心血管耐力（有氧耐力和无氧耐力）练习和肌肉耐力练习。从运动性质而言，还可分为一般耐力练习和专项耐力练习。

（一）心血管耐力

1. 有氧耐力

指在氧充足供给条件下，使糖与脂肪转化为二氧化碳和水并释放大量能量的过程，如长跑、游泳等。

2. 无氧耐力

是指在氧供给不足的情况下产生的非乳酸性供能的过程，如短跑运动。

（二）肌肉耐力

是指肌肉承受疲劳，延长工作和活动时间的能力。提高肌肉耐力对提高肌肉中的血液循环和改善神经系统的适应能力具有良好的作用。

（三）耐力练习方法

1. 慢跑

可走、跑交替，一般以 15~60 分钟为宜。

2. 越野跑

强度控制在心率达 120~140 次/分钟之间。

3. 匀速跑

800 米、1 000 米、1 500 米、3 000 米、5 000 米、10 000 米。

4. 变速跑

如 100 米慢跑、100 米快跑、200 米慢跑、200 米快跑、400 米慢跑、400 米快跑。

5. 骑自行车

6. 游泳

7. 个人跳绳

可单足，也可双足。女生 100~120 次/分钟，男生 120~150 次/分钟。可跳 2~3 组，每组间隔 5 分钟。

8. 其他锻炼形式

如健身舞、健身操、跑楼梯、球类等。

三、速度练习

速度素质是指有机体或机体某部位快速运动的能力，可分为反应速度、动作速度和位移速度（即移动速度）。速度素质在各个项目中均有重要作用，在乒乓球项目中尤为重要。每次的移动和击球都包含了预测、判断、反应和动作这 4 个过程。

（一）反应速度

反应速度是指机体对外界刺激信号的接收和反馈能力，即反应能力。优秀乒乓球运动员的反应速度非常快，依据对方击球动作作出回应的时间一般是 102 毫秒。

（二）动作速度

动作速度是指机体快速完成某一动作的能力。如乒乓球选手正手挥拍的速度或发球时拍与球的摩擦速度等。

（三）位移速度（移动速度）

位移速度是指人体在特定方向上移动的速度，可用公式 $v=s/t$ 表示。其中，v 为位移速度，s 为位移距离，t 为所用时间。

（四）速度练习方法

1. 反应速度

（1）改变信号的跑中转向、起动、各种跳跃。

（2）改变手势进行前、后、左、右的移动。

（3）用各种准备姿势（如蹲、半蹲、相对、背向、侧身等）听口令起动。

（4）相互击背游戏。两人一组，以拍到对方肩背部的次数多者为胜。

2. 动作速度

（1）腿绑沙袋高抬腿练习（一条腿做完可换另一条腿做）。

（2）肩负杠铃杆做快速提踵。

（3）手握哑铃做摆臂挥拍练习。

（4）负重仰卧起坐、背正起、侧起练习。

（5）跳绳（可负重跳绳）。

3. 位移速度

（1）各种模仿动作练习（可采用单一技术，也可采用成套技术）。

（2）多球练习各种技术（如推、侧、扑）。

（3）3米线折返手触线（高个者可用并步，矮个者可用交叉步）。

（4）在球台边线上做换步触端线（步法随意，但手触端线时要求用右手触左面端线，用左手触右面端线）。

（5）围绕球台做各种步法的变换移动。

四、灵敏素质

灵敏素质是指在各种变换条件下，人体能迅速、准确并协调完成动作的能力。灵敏素质具有不可替代性，各种运动项目对灵敏素质的要求是不同的。

（一）发展灵敏素质

1. 徒手练习

在原地或行进中跳起转体、改变方向跑、快速后退跑、折返跑，开展看谁反应快的游戏、做徒手乒乓球动作的模仿等。

2. 器械练习

持拍做各种动作练习、击球移动或不定点练习、多球练习等。

3. 技术、战术组合练习

将所学的技术、战术编成套路进行练习，达到熟练程度后可随意变线。

（二）灵敏素质练习方法

(1) 做手心手背击打游戏、摸五官游戏或贴膏药游戏。
(2) 看老师手势或听口令做各种变换动作练习。
(3) 做乒乓球技术徒手模仿练习。
(4) 做各种跳绳练习（单人、双人、单摇、双摇、大绳上人等）。
(5) 做多球练习。

思考题

1. 乒乓球运动有哪些基本步法？
2. 乒乓球运动有哪些基本技术？
3. 乒乓球运动有哪些发球、接发球技术？
4. 乒乓球的练习方法有哪几种？
5. 乒乓球运动的推挡球应注意哪些问题？

第五章　乒乓球基本战术

章前导言

　　乒乓球战术是乒乓球技术的综合运用，是乒乓球技术在实际比赛中的完美体现，也是一个练习者的聪明智慧和综合素质的精彩展示。技术是战术的基础，只有掌握全面的技术，才能设计合理的战术，才能在比赛中运用多变的战术。只有通过实际运用，才能检验战术的合理性和技术的熟练性，才能不断吸取经验教训，提高技术水平，使战术更加合理。因此，在平时的练习中，要带着很强的战术意识去练技术。"练为战"，那些花架子，不结合实际需要的技术练得再多也没有用。技术的发展促进了战术的形成，战术又反过来促进了技术的创新。这种发展、形成、促进、创新的过程，是乒乓球运动的"生命链"。

学习目标

1. 掌握发球抢攻战术。
2. 掌握接发球战术。
3. 了解对攻战术的运用方法。
4. 提高拉攻战术能力。
5. 掌握削攻战术。
6. 掌握搓攻战术。
7. 培养并具备战术意识。

关键词

战术　发球抢攻　对攻　拉攻　削中反攻　搓攻　接发球抢攻

第一节　发球抢攻战术

发球抢攻是我国乒乓球练习者的重要技术之一。近年来，世界各种类型打法的练习者都越来越重视这一战术，纷纷结合自己的打法特点，制定相应的发球抢攻战术，使这一战术在原有的基础上有了创新和发展。发球抢攻战术运用得好，常能打乱对方整个战略部署，造成对方的紧张和慌乱。

一、运用发球抢攻的注意事项

（一）发球与抢攻的配合

发什么球，首先考虑的是自己的技术特长和技术风格，任何一种发球技术都应与自己的技术特点紧密结合。如擅长打台内球或侧身抢攻的选手，一般发低抛正手的侧下、侧上或不转球，为自己创造机会；擅长弧圈球的选手则可将球发至对方的反手底线位，创造抢拉弧圈球的机会。其次要考虑对方的回球方式、回球位置以及对自己发球的适应程度，决定自己的抢攻方法。

（二）不断提高发球质量

发球质量是以球的旋转、速度和落点来衡量的。同一种发球也要在训练中不断练习、提高发球质量，并力求在发球技术上有所创新，克服发球单一的现象。

（三）各种技术的有机结合

不管哪一种战术，在其形成以后的实施过程中，对方不一定按照你设计好的战术路线走，而一定会想方设法破坏和控制你的战术意图，这时就要灵活运用其他技、战术作为运用这一战术的过渡和补充。如在接球后，由于对方控制得较好而无法抢攻，此时则可先轻打或摆短过渡一板，再寻找机会。不能实施计划中的抢攻时，如果一味盲目抢攻，这样不但易失去抢攻机会，还会无谓失分。

（四）看准机会，大胆果断

发球后注意观察、寻机待发，一旦机会出现，就果断起板，不能优柔寡断，错失良机。不论对方用搓、拉、挑、攻等哪种方式接发球，都要积极上手，这样更会增加发球的威力。

（五）筛选精品，练就绝招

每个人都应练习两套以上发球抢攻的战术，通过实践检验，固定下来与自己的技术打法配套使用。

二、发球抢攻常用战术

（一）正手高、低抛发左侧上、下旋球后抢攻

站位：台左侧。

落点：主要有中短、左短或右短、左大角、左中长、追身（正落在对手持拍手腕处）或配合一个直线奔球打右角。

特点和作用：这两种发球由于手型变化小、旋转强、速度快、落点刁，容易使对方造成判断错误，不论用反手技术还是正手技术，回球都会有抢攻机会。一旦机会出现，应果断上手。左手执拍选手发此球效果更好。

（二）正手发急球后抢攻

站位：左台区或右大角。

落点：主要有左大角或直线、右大角或直线、追身球等。

特点和作用：速度快，角度变化突然，容易迷惑对方，造成来不及扑救或回球过高，为自己制造抢攻机会。这种发球若与其他侧上、下旋球配合使用，效果会更好。

（三）正手发转与不转球抢攻

站位：全台。

落点：主要有中路近网、右近网、左近网、左侧长、左侧中等。

特点和作用：以微妙的手形变化，发出转和不转球，为自己创造较多抢攻机会，尤其是在僵持阶段，对方接球谨慎、心理紧张的时候，对转和不转的判断较难。

如发至对方中路近网或右方近网，配合左侧长球或左侧中路球。开始先发下旋球，以控制对方起板，再发一个不转球。不转球也发近网，如果对手吃球，可长、短配合，找机会抢攻。发短球后，对方回球也会近网，所以可抢先快打。如不能抢攻，则打对方空当或追身，争取下次起板。

（四）反手发右侧上、下旋球后抢攻

站位：台左角。

落点：主要有近网、右近网、左近网、左侧长、左侧中、左右大角等。

特点和作用：各种发球落点交替使用，上、下旋变化运用。有的要长短结合；有的用一落点为主，其他落点做干扰；有的先短后长，有的先长后短和配发两大角。在发反手位时，对方来球容易高，可正手抢攻或侧身抢攻。

（五）反手发急球后抢攻、推和侧身攻

站位：台左角。

落点：主要有左、右大角，追身球。

特点和作用：利用发两大角和追身落点的变化，追使对方回球不稳，给自己创造快推、侧身攻的机会。但发球必须速度快、落点刁、力量大、手型隐蔽。若与近网小球配合使用，长、短搭配，效果更佳。

（六）正手高抛发侧上、侧下和不转球抢攻

站位：台左角。

落点：中近网、中左短、右近网、左大角、左长、左中路等。

特点和作用：这种发球由于可变落点多、手型隐蔽，再配合直线急球或斜线球效果会更好。这种打法在优秀练习者中使用甚广。由于旋转的变化较难判断，对手回球高度容易不稳，较易给抢攻制造机会。

所有技术中，只有发球一项技术是选手可以自己控制的技术，极具主动性、隐蔽性和威胁性，所以，要充分利用发球机会，给对方制造障碍，为自己创造得分机会。

第二节　接发球战术

接发球战术是与发球抢攻相对的一项战术，既可以破坏对方的发球抢攻，又能争取在接发球轮形成相持或主动的局面。

在比赛中，接发球处理得好坏，直接影响到整个战局能否获得主动和心理的稳定。所以，接发球战术必须保持积极主动的意识，最大限度地控制对方的发球抢攻、接发球（第二板）和接球后的抢攻或防守（第四板）。

一、运用接发球战术的注意事项

（一）抓住机会，争取主动

战机转瞬即逝，因而要看准机会，果断起板，能攻则攻，不可犹豫。

（二）密切观察，分清性能

由于发球的主动性，对球的所有性能的控制权都在发球方，因此，要仔细看清球拍触球瞬间发球方的动作变化和其击球的发力方向，对击球力量、球的旋转和落点作出准确判断，才能出击奏效。如对方发球为侧下旋，在回球时则要多向上摩擦；若对方来球为侧上旋，则回球时要加大推压的力量。

（三）动作结束，立即还原

不论使用哪种技术接发球，都要提高连续意识，做好防御准备。接发球抢攻以后，要立即做好对攻、对冲、连续攻或其他相持技术的心理准备，一旦接发球质量不高，要立即做好防御准备，以保证主动地位。

（四）前后分析，技术灵活

一局球只有11分，最多每人有5~6次接发球机会。每次接发球时都要记住对方发球的特点和习惯技术，一局下来要回忆、思考、总结在接发球时成功的经验或失败的原因，争取在以后的比赛中打出主动球。

> **知识链接 5-1**
>
> 为什么规则中对发球的限制作了严格规定？
>
> 在乒乓球比赛中，作为一个回合开始的第一板——发球，具有很强的主动性、隐蔽性和威胁性，所以对其限制较多。

二、常用的接发球战术

（一）接发球抢攻

这是最常见、最积极的方法，也是对选手要求较高的方法，要求选手判断迅速、准确，反应及时、到位。也可运用打台内球技术以及抢攻、抢冲或推挤技术予以回击。

（二）对付削球手时可采用较稳妥的方法

在攻对削、削对削中可采用拉、搓、推、削等技术，在稳妥过渡后再寻机起板；但要注意变化落点、控制弧线，避免对方抢攻。

（三）用拉、拨或快推将球击到对方的弱点位置，争取形成对攻的相持局面

在难以完成高质量的接发球抢攻时，先将球拉（或推或拨）至对方不易反攻的位置，继而形成相持对攻。擅长打相持球的选手经常采用这一战术。

（四）回击发近网球

此战术是在对方为控制我方的接发球抢攻而发近网球时所采用的积极回球方法，可分为：

1. 快摆结合劈长

在对方发旋转较强的短球时，可以快摆为主结合劈长。

2. 挑打或晃撇

在对方发侧上或不转短球时，可大胆挑打；对于不转球还可以利用身体的晃动，将球撇至对方反手大角，由于伴有身体的晃动，使对方不敢轻易侧身。

（五）第二板为第四板作铺垫

接发球抢攻并不一定就是猛攻和蛮攻，没有效果的抢攻是不对的。在不能抢攻时，可缓一板，如接发球可挑、快点，为第四板作准备，或破坏了对方发球抢攻的意图，这些都是成功的接发球。

第三节 对攻战术

对攻是所有快攻型打法的选手在相持时必须采用的战术,双方利用速度、旋转、落点变化和力量变化控制节奏。对攻是争取主动的重要手段。

> **知识链接 5-2**
>
> 何谓乒乓球比赛中的前三板?
> 在乒乓球比赛中,发球与接发球以及发球后的抢攻被称为前三板技术。目前,第四板技术又受到极大关注,即接发球时为自己创造第四板进攻机会的技术。

常用的战术有以下几种:

一、紧压反手、伺机抢攻

对付反手技术较弱的选手可使用此战术。利用推挡、反手攻或正手拉紧逼对手左角,再加力一板或压一板中,在左路变线后,待对手回球弧线较高时马上侧身,利用正手抢攻。

运用此战术时,应注意:
(1) 紧压对方反手时,要速度快、角度大、力量重。
(2) 变线的这板球要有质量、角度大、突然性强。
(3) 避免习惯性变线被对方适应。
(4) 应主动变线,切忌被动变线,以免给对方提供抢攻的机会。

二、压左调右

在紧压对方左角后,观察到对方向左移动、寻机侧身、站位偏左时,突然变线,打对方右方空当,可起到牵制对方进攻的目的;这一战术也可用于对付正手进攻能力不强者,使其在接突然变线的来球时失误或回球较高,争取进攻;对付正、反手摆速较慢者也可使用这一战术,在反复变线中伺机起板。左手执拍选手用此战术,收效会更好。

注意调右角的这一板质量要高,要做到角度大、变化突然、力量大,让对方即使跑到也难以发力。

三、压住左角、等待进攻

使用此战术时要加大推或攻的力量、加强攻势,自己则等待时机出现。在对方应对大力的反手球中出现回球不当的现象时，则马上用侧身拉攻或冲对方中路、左角或右角。

四、轻重结合，变化节奏

技术熟练和提高以后，在实际的比赛中要力量轻重结合、球路长短结合、节奏快慢结合，这样可以有效地打乱对方的步法、破坏回球质量，为自己赢得进攻机会。

五、攻两角战术

此战术是靠给对方左右两大角反复施压，使其顾此失彼，从而使自己占据主动。一般用于对付步法较慢、动作较慢的选手。可以采用对角攻击，即以两条斜线调动对方；也可采用双边直线，即先以直线攻一角，再以直线攻另一角。

运用此战术时应注意：
（1）打斜线角度要大，能超出边线最好，充分发挥斜线的威力。
（2）打直线出手要快，突然性要强，路线要直。[①]

六、打追身

回球至对方执拍手手腕或前臂上端处，让对方避之不及，回球质量不高，为自己赢得机会。可运用先追身结合杀左右两大角打法；也可运用先两大角、后追身的打法；亦可两者交替运用。

七、连压对方中路或正手，伺机抢攻

这是对付两面攻或横拍反手攻较强的对手所采用的对攻战术。这类打法的运动员往往是反手进攻技术好，正手相对较弱，中路更是其弱点中的弱点。故可先用推挡或反手攻，压住对方的中路或正手，待其攻势较弱时，伺机侧身抢攻。

运用此战术时，应注意：连压对方正手或中路的球一定要凶狠、有力。

八、攻防结合

攻中结合挡一板、带一板、削一板都是可以的，用技术的变化也可起到摆脱被动的作用。尤其是削球选手，在凶猛进攻中突然一板削球，可破坏对方的动作定型，在回球质量发生变化时，寻求时机；也可用挡或带一板打空当，变

---

① 苏丕仁. 乒乓球运动教程［M］. 北京：高等教育出版社，2004：100.

化落点和节奏，也会收到意想不到的效果。

第四节　拉攻战术

拉攻战术是快攻型打法对付削球打法的主要战术，即在运用不断的落点变化（前、后、左、右）中创造机会，伺机突击，战胜削球选手。在这里，突击很重要，没有重板就很难对付削球手，只有突击，才能使削球手后退，为打乱对方步法创造机会，也才能使削球手在回球时质量不稳，为自己赢得进攻机会。因此，在与削球手对峙中不要急躁，要在一板一板中伺机进攻。

常用战术有：

一、拉左杀右或拉右杀左

此战术实际上是拉对方一边杀另一边。一般先拉削球旋转变化不强或攻势较弱的一边，出现机会后杀另一边。

二、拉中路杀两角或拉两角杀中路

拉中路杀两角，是从中路寻找机会，然后杀两角得分，一般用于对付以逼角为主或落点控制较好的选手。先拉中路，可以迫使对方忙于让位，难以逼角或控制落点，这时，突击（扣杀、抢冲）的机会就比较多。

拉两角杀中路，是先从两角找机会，然后突击中路得分。中路追身，是削球选手的共同弱点，特别是对正反手顶重板比较稳的削球手，中路是最好的突破口。

三、拉直杀斜或拉斜杀直

这两个战术相比较而言，拉斜杀直时，拉球比较保险、稳健，杀直线虽威胁大但技术难度也较大；拉直杀斜时，拉球难度稍大，但杀斜线的难度降低，命中率高。因此，这两个战术的使用，还需要根据对手和比赛场上的情况而定。

四、拉一角为主，伺机突击（扣杀、拉冲）自己的特长线路或对方中路

在运用此战术时，拉一角多选择对方削球不稳、旋转变化不强或攻势较弱的一面，既容易寻找机会，又可以减少被对方反攻的机会。突击（扣杀、拉冲）时选择自己的特长路线，可以保证命中率；选择突击（扣杀、拉冲）对方的中路，可以增大对方顶重板的难度，从而加大了突击（扣杀、拉冲）的

威胁。

五、变化拉球的旋转和长短落点，伺机突击（扣杀、拉冲）

拉球技术比较过硬的选手常采用此战术，即在拉球中拉出真（强烈上旋）、假（不转）及侧旋弧圈，用旋转的变化来增加对方削球的难度；也可用拉球长短落点的变化来创造机会，即先拉长球至对方端线处，迫使对方后退削，再突然拉一板中路偏右的短球（刚出台）；或先拉刚出台的轻球，再发力拉靠近端线的长球，从中伺机突击（扣杀、拉冲）。

六、拉搓、拉吊结合，伺机突击（扣杀、拉冲）

在运用此战术时，先用拉球结合突击迫使对方远离球台，然后用搓球或吊短球引其上前回接，再突击或拉冲其中路及两大角，得机会后，连续扣杀。

此战术是对付削球的最有效战术之一，但在使用此战术时需注意：

（1）搓球和吊球的弧线一定要低并讲究落点，防止对方反攻。

（2）不要搓、吊过多，以防越搓（吊）越软，突击或拉冲反而打不出来了。[1]

第五节　削攻结合战术

削攻战术是削球打法对付其他类型打法的战术。常见以削球加转逼对方两大角和削转与不转后寻机进攻；或以转、稳、低、变的削球，迫使对方左右跑动，在其回球质量变化中寻找进攻机会。

> **知识链接 5—3**
>
> **战术与技术的关系**
>
> 技术是基础，是完成各项战术组合的必要条件；战术则是技术的完美体现和心理素质的最高展示，是一个乒乓球练习者聪明智慧的综合运用。

一、削转与不转球中寻机反攻

削转与不转球是削球手在削球时，尽量用相似的动作削出强下旋和不转的球，造成对方直接失误和回球质量下降，抢攻得分。先施以加转球，再配合不转球。

---

[1] 苏丕仁. 乒乓球运动教程［M］. 北京：高等教育出版社，2004：102.

此战术在运用时，可分为以下情况：

（1）如削加转球至对方左角，连续几板后突削不转球到右角并压低弧线，使对方拉高回球后，反击对方左大角。

（2）削加转球至对方右侧，数次后突削不转球至左侧，迫使对方侧身起板回高或搓球回高后上手。

（3）可在同一角度变化旋转，转与不转球结合使用。

（4）可用削加转球时用高弧线，不转球时用低弧线迷惑对方，寻找机会。

二、应对长拉短吊战术

长拉短吊是对付削球手时用得最多的战术。一旦发现对方有企图，就用底线长球配合转与不转球破坏对方放短球的意图，使其遇不转搓短球时回球偏高，寻机进攻。如对方用拉攻变换落点，可马上变换削球落点，加大角度，使其忙于跑动，当回拉质量降低时，马上反攻一板也很奏效。

三、挡、攻、削结合

（1）削中观察好回球线路，快速上步挡一板至对方空当，寻机进攻。

（2）削中看准对方在拉攻中回球线路稍高时，迅速上手快攻一板，效果不错。

（3）在上手后的对攻中突然加一板削加转球，使对方回球质量改变，寻机抢攻。

（4）反面长胶和生胶的选手，可使用反手拱直线或斜线，为正手进攻创造机会。

四、逼两角伺机反攻

此战术可分为：

（1）先逼左角，再逼右角。对付右方攻势强的对手，故先逼左角。

（2）先逼右角，再逼左角。对付左方攻势强的对手（如擅长侧身），故先逼右角。

此战术若能配合旋转球的变化，则效果更好。

五、倒板搓、削、拱，伺机反攻

此战术多为长胶球拍的选手采用。利用球拍两面的不同性能，倒板搓、削，让对方不适应旋转的变化，还可以结合长胶的拱，从中寻找机会，伺机反攻。

六、破对方长短球的战术

在对方使用长拉短吊的战术时，可用以下办法破解：

（1）当对方吊的短球稍高时，果断反攻。

（2）对于较难反攻的短球，可回摆、劈两大角或控制球至对方攻势较弱的地方。

（3）主动削不转长球，增加对方吊短球的难度。[①]

第六节 搓攻战术

搓攻技术是各类打法选手应掌握的技术之一，搓攻也是各类打法选手选用的战术之一。搓攻战术就是用搓球控制对方，为进攻寻找机会。但在对进攻型打法选手时，搓球的板数不宜过多。常用的战术有以下几种：

一、搓转与不转球后抢攻

一般先搓加转球，然后配合相似动作搓不转球，使对方误判球的旋转状况而回出质量不高的球，自己伺机反攻。这种战术一来可以制约对方进攻，二来可以给自己创造机会。

转与不转球如配合多变的落点变化进行，收效更好。

二、压反手后变线

如对手反手较弱，可压逼对方反手位，在其将注意力放在反手时，突然变直线或搓近网，当对方回球质量下降时伺机反攻。

运用此战术时需注意：搓反手时角度要大，变线的动作尽量隐蔽，弧线要低，落点尽量靠近边线。

三、以摆短为主，配合劈两大角长球，伺机进攻

主要用于对付擅长抢攻长球的选手，目的是先用短球控制住对方，把对方引上来，再搓下去，使其来不及抢攻或抢攻质量下降，从而伺机进攻或反攻。

运用此战术时需注意：摆短的质量要高，即弧线低、不出台、旋转尽量强，否则易被对方挑打；劈长时要突然、角度要大、落点要靠近端线，才容易制造抢攻或反攻的机会。

---

① 苏丕仁. 乒乓球运动教程［M］. 北京：高等教育出版社，2004：104.

四、搓球转快攻

此战术可分为以下几种情况：

（1）对搓中先拉一板弧圈或小上旋，迫使对方打快攻。擅长打相持球的选手常用此战术。

（2）搓中突击、突然性强，是正胶、生胶类进攻型选手的主要得分手段之一。

（3）搓球至对方进攻质量不高的一边，让其先把球拉起来，自己则准备好反攻（反撕、反拉、反冲）。运用此战术一要具备反攻的能力，二要提高搓球的质量，以防对方高质量的抢攻，反而造成自己的被动。

第七节　战 术 意 识

进入大球时代，每局分数减少为 11 分，使整个竞赛过程大大缩短。这就要求选手要快速进入比赛状态，发挥特长，变化战术，尽量减少无谓失误，每分必争，始终抢占优势。这对选手提出了更高的要求，不但要在平时练习中加强战术计划，而且要加强战术意识的练习。战术意识是战术计划落实的保证。

一、战术意识的重要性

正确的乒乓球战术意识，就是正确的指导思想。在练习中带着战术意识练习，练习质量更高，实用性更强，更有针对性。同时学习乒乓球的一批人，经过一段时间后，技术进步程度往往不一样，其中很重要的一点就是战术意识投入的程度不同。进步快的人会将老师的讲解和指导牢记心中，变为行动，不断纠错，所以会进步神速。战术练习也是如此，不能只练不想，也不能不带比赛观念去练。意识不足的问题不容易发现，一旦暴露，可能已成为习惯，纠正起来就比较困难了。

二、战术意识的培养和练习

（一）善于学习理论知识

了解必需的战术理论，理解概念，了解战术发展，加强平时的学习，不断充实自己。

（二）善于观察、分析、总结

平时注意向周围人学习，善于观察在比赛中、尤其是大赛中出现的战术动态，分析总结它的先进性和实用性，使之成为自己新战术方案的指导。

(三) 提高战术思维能力

技、战术的有机结合，全靠战术思维能力来完成。选手要根据实战变化灵活应用，在最短的时间里做出战术决策并运用于战术行为。这种能力是一种长期练习的结果，与选手的各项技术、各种理论和比赛经验以及本人的分析、理解能力密不可分。因此，要养成在每局、每场、每次的比赛后总结的习惯，不断提高战术行为的表象能力。

第八节　战术练习方法

一、战术分解练习法

可将实践比赛中的复杂战术化繁为简，像其他技术动作的分解练习一样，从简到繁，各个击破，化整为零，在掌握每个环节以后，再串联起来，从而容易掌握难度较大的战术。如反手发侧上旋至对方左近网上手时，首先要掌握反手发球技术，一是发球动作要隐蔽，二是球路要短，三是要练习近网上手和长球拉攻技术，来球短则打台内，长则拉攻或拉冲，各个击破，才能得心应手。

二、分隔器材调整练习法

(一) 可降低球台的高度

对于初学的儿童可使用比成人矮一些的球台，不会影响其建立正确的动作定型。目前儿童使用球台有两种高度：面向 12 岁以下的为 68 厘米，面向 10 岁以下的为 64 厘米。

(二) 分隔球台练习法

对练习者提出要求，再根据要求将球台划分成各个不同区域进行练习。如台左角正手练习，直斜线击球，可在对面球台的两个大角处划出区域，要求选手发到范围里面，或发正、反手近网，在离球网 40 厘米处拉一条线，要求将球发到范围内为有效等。

三、表象能力练习法

表象，即已往经历过的事物形象在头脑中的反映，也就是对过去的实际战例过"电影"。对自己成功或失败的回合在头脑中及时回放，总结经验、吸取教训，对以后的比赛非常有利；也可在平时观看优秀选手的比赛时，将精彩战例默记下来，运用到自己的练习当中，充实个人技术。这些都是学习新技术和提高战术意识的重要方法。

四、关键球练习法

（1）可将比赛设定为打3分，谁先获得3分谁赢。这样使练习者一开局就精神高度集中，全力以赴。

（2）也可用决胜局5∶5或10∶10比分进行练习，要求每球必争，不能虎头蛇尾，培养关键时刻敢打敢拼的能力。

五、特定技术比赛法

设定必须有对拉或对冲、发球抢攻或接发球抢攻的比赛；还可以在比赛中要求几板球内得分，如五板球比赛：发球为第一板，接发球为第二板，发球抢攻为第三板……在第五板时若没有打死对方则失一分，只计输的分数，不计赢的分数；也可以进行让分比赛，从0∶3或0∶5开始，让对方几个球，锻炼自己的拼搏追赶能力。

六、比赛法

运用各种比赛形式，对以前所学技、战术进行实际应用。在实战中检验自己掌握的程度。有的人平时练得不错，但一到比赛就不能很好地驾驭技术，这就说明选手还没有适应从单一技术练习转为综合运用的过程，或者步法还没有跟上等。因而，要从实战中找差距，找原因，再反过来指导自己的练习，这样才能使综合运用能力不断得到提高。

当然，比赛方法还有很多，如擂台赛、升降级赛、模拟比赛、适应性比赛等，可根据不同情况选择比赛方式。

思考题

1. 你了解乒乓球运动的战术分类吗？对照自己的技术水平，选择适合自己的战术。

2. 战术练习方法有哪些？

第六章　乒乓球运动的竞赛组织及规则

章前导言

　　一次乒乓球比赛需要在赛前、赛中和赛后做大量的工作，保证比赛在有限的时间和场地器材条件限制下都能紧张有序地进行，这就需要运用乒乓球竞赛法的理论做指导，合理进行组织、抽签、编排等工作。

　　当然，乒乓球竞赛的组织工作是一项技术性很强的工作，本章介绍的是在群众体育活动中简单易行的方法。每次比赛都有它的不可比性，只要掌握了基本的原则和规律，并注意在实践中总结经验，乒乓球比赛的组织工作就会越做越好。

学习目标

1. 掌握乒乓球比赛前的组织工作内容和方法。
2. 了解乒乓球比赛的规则、规程。
3. 了解裁判员的临场工作程序。
4. 了解裁判员的手势。

关键词

　　竞赛组织　　规则　　裁判法

第一节　乒乓球比赛前的组织工作

一、比赛规程的撰写

1. 明确本次乒乓球比赛的目的和任务

首先要确定比赛范围和比赛要达到的预期目标。是班级、年级还是校际比赛？是为了迎接更高一级的比赛，争取更好的比赛成绩，还是致力于推广体育运动，达到健身的目的？这些都要写明。

2. 承办单位和比赛时间、地点

本项比赛由谁主办，由谁承办要写清楚，在什么时间、地点比赛要说明。

3. 比赛办法

本次比赛采用什么方法？是循环赛还是淘汰赛，还是先循环后淘汰？每场几局几胜比赛？每组取几人参加第二阶段比赛？第二阶段又怎么打？规程上都要体现出来。

4. 参赛运动员的资格、条件及报名办法

每队可报几人？男、女队员各几名？本次比赛都是哪些人员参加？有何特殊要求？这些都需要让看到规程的人一目了然。

5. 奖励办法和录取名次

本次比赛准备取前几名给予奖励？奖励什么？发奖杯还是奖品？这些也要说明。

6. 报名时间和截止日期及报名地点

要求哪天报名、截止日期要讲清楚，以免编排工作已经开始，报名的又来了。报名单交给谁也要写清楚。

7. 写好规程后可通过互联网或邮寄的方式发下去

> **知识链接 6-1**
>
> 在比赛中对有不良行为的运动员的判罚尺度是什么？
>
> 运动员在受到第一次警告后，在同一场单项比赛或团体比赛中，如果发生第二次冒犯，裁判员应判对方得 1 分；再犯，判对方得 2 分。每次判罚，应同时出示黄牌和红牌。

二、接受汇总报名单

（1）在接受报名单时要按报名顺序放好，作为抽签依据（有上届名次可不用）。

（2）在接受报名单期间可以整理场地和购买比赛所需物品（如球、奖品等）。

（3）报名结束后可将报名单汇总，汇总表格范例如表6-1所示。

表6-1清楚地显示了每个项目的队数、人数以及男、女各项目报名的队数，为今后的编排提供了最直接的数字依据。

表6-1 报名汇总表

项目 队名	男团	女团	男单	女单	男双	女双	混双	总队数	总人数	总数
总计										

三、确定竞赛方法

（一）循环赛

循环赛是各类竞赛中最常用的一种基本方法，即为各参赛人员（队）之间相互比赛一次。

1. 循环赛的优缺点

（1）循环赛的优点

① 相互学习机会多，便于交流。② 比赛结果偶然性、机遇性小。③ 比赛较合理地反映了各队的实力水平。

（2）循环赛存在的问题

① 在比赛次序上机会不均等。② 应用范围有局限性。

2. 单循环轮次、场次计算方法

（1）轮数计算

① 当人数是奇数时，轮数即是人数。② 当人数是偶数时，轮数为人数减一。

（2）场数计算

$$单循环场次 = 人数(人数-1)/2$$

例1：有5人参加单循环比赛，则：

轮数是5轮，5（人）=5（轮）（人数是奇数时，人数即是轮数）。

场数是 10 场，5(5-1)÷2＝10 场，即 5 人之间轮流打一次共需 10 场。

例 2：有 8 人参加单循环赛，则：

轮数是 7 轮，8(人)-1＝7（轮）（人数是偶数时，轮数为人数减 1）。

场数是 28 场，8(8-1)÷2＝28 场，即 8 人之间轮流打一次共需 28 场比赛。

3. 单循环赛采用的逆时针轮转法

一般采用固定 1 号位置，其他位置逆时针轮转的方式。

例如：一组 8 人，写第一轮时将前 4 个号码自上而下排列，然后将后 4 个号码自下而上排列，再用横线相连，对应起横线两边的两个数字即可。

第二轮时，1 号位置不动，将后 4 位数字的最上端 1 个排在 1 号位置下面，其余号码逆时针顺转。第三轮排列是在第二轮的基础上再逆时针轮转一次。以此类推，直至全部排完。如遇奇数，空缺的一个数用"0"代替（图 6-1）。

Ⅰ	Ⅱ	Ⅲ	Ⅳ	Ⅴ	Ⅵ	Ⅶ
1—8	1—7	1—6	1—5	1—4	1—3	1—2
2—7	8—6	7—5	6—4	5—3	4—2	3—8
3—6	2—5	8—4	7—3	6—2	5—8	4—7
4—5	3—4	2—3	8—2	7—8	6—7	5—6

偶数时

Ⅰ	Ⅱ	Ⅲ	Ⅳ	Ⅴ	Ⅵ	Ⅶ
1—0	1—7	1—6	1—5	1—4	1—3	1—2
2—7	0—6	7—5	6—4	5—3	4—2	3—0
3—6	2—5	0—4	7—3	6—2	5—0	4—7
4—5	3—4	2—3	0—2	7—0	6—7	5—6

奇数时

图 6-1　8 人循环赛逆时针轮转法

4. 8 人逆时针轮转次序示例表（表 6-2）

表 6-2　8 人逆时针轮转次序示例表

第一轮	第二轮	第三轮	第四轮	第五轮	第六轮	第七轮
1—8	1—7	1—6	1—5	1—4	1—3	1—2
2—7	8—6	7—5	6—4	5—3	4—2	3—8
3—6	2—5	8—4	7—3	6—2	5—8	4—7
4—5	3—4	2—3	8—2	7—8	6—7	5—6

5. 循环比赛时间及球台安排示例表

例如：一次比赛16人，分两组打单循环赛，比赛时间和球台编排如表6-3：

表6-3　2组前两轮比赛时间、球台安排表

日期	时间	第一台	第二台	第三台	第四台
5月11日	8：00	①1—8	①2—7	①3—6	①4—5
	8：15	②4—5	②3—6	②2—7	②1—8
	8：30	①3—4	①2—5	①1—7	①8—6
	8：45	②7—5	②1—6	②8—4	②2—3

注：表中显示为两组前两轮比赛时间安排，表中①、②为组别，4—5、2—7分别为运动员序号。

按上表6-3所示，每组用一个时间段比赛，下一时间段安排另一组的比赛。按这种方式编排，不会出现连场现象，并以此类推，直到排完所有比赛。当然也可以一个小组用一个球台比赛，这在比赛中也是常有的，叫包台。比如有4个小组参赛，用4张球台，就可以采用包台的办法。

6. 循环赛比赛用表

表6-4显示的为目前较为流行、也较为简单的比赛用表。各地有不同的表示方法，可以取长补短，选择自己喜欢的一种使用。

计算机式比赛用表更为复杂，表上不但有比赛日期、比赛时间、比赛组别、性别区分、还有计算机输入编号等。

表6-4　5人循环赛比赛用表

A组		1	2	3	4	5	积分	比率	名次
1	张								
2	王	2 9：20 (2)							
3	李	2 9：00 (1)	2 8：20 (1)						
4	赵	2 8：40 (1)	2 9：00 (2)	2 8：00 (2)					
5	钱	2 8：20 (2)	2 8：00 (1)	2 8：40 (2)	2 9：20 (1)				

注：表中所示2字是比赛日期，为某月2日的意思，中间为比赛时间，下面括号里的数字表示台号。

7. 循环赛成绩表（表6-5）

表6-5　乒乓球循环赛成绩表

A组		1	2	3	4	5	积分	比率	名次
1	张								
2	王								
3	李								
4	赵								
5	钱								

乒乓球比赛采用2、1、0计分法，即胜一场获2分，负一场获1分，弃权为0分，依据"积分"多少排列名次。但是在排列名次时，可能出现两个或两个以上的参赛者"积分"相同，所以单靠计算"积分"就不可能在所有情况下，将全部参赛者的名次排出。

因此，用循环赛方法计算名次时，还需有第二个原则。若积分相等，则可再计算相等积分参赛者之间的次分；次分若再相等，则再计算场率；场率再相等，则再计算局率；局率再相等，则再计算各局的得失分率，直至计算出全部名次。

表6-4、表6-5有时在比赛中只用一种，即直接将比赛结果记在带比赛时间的循环表中。

（二）淘汰赛

淘汰赛是按照预先排定好的比赛秩序进行比赛，胜者进入下一轮，负者则被淘汰，直至只剩下最后一名胜者，即为该次比赛的冠军。

1. 淘汰赛的优缺点

（1）淘汰赛的优点

① 对抗性强，只有取胜才能进入下一轮。② 利用最短的时间容纳更多人员参加比赛。③ 观赏性强，使比赛逐步达到高潮。

（2）淘汰赛存在的问题

① 合理性差：每个1/4区只能胜出一名选手。② 机遇性强：由抽签决定每位选手的比赛位置。③ 不完整性：参赛选手人数不是2的乘方数时，必须用轮空或抢号的方式去解决。

（3）怎样克服淘汰赛中存在的问题

① 设种子：将预先预见得知的较强选手或上届比赛取得名次的选手合理分区，以克服合理性差的问题。② 利用抽签原则控制、克服机遇性强的问题。③ 用轮空或抢号的方法克服不完整性问题。

2. 淘汰赛如何计算轮数和场数

（1）轮数：轮次＝2 的乘方数中的指数

全部选手都要比赛一次为一轮（抢号也为一轮）。

例如：16 等于 2 的 4 次方（$2^4=16$），即 4 轮；32 等于 2 的 5 次方（$2^5=32$），即 5 轮；64 等于 2 的 6 次方（$2^6=64$），即 6 轮。

（2）场数：位置数相邻的 2 人之间的比赛为一场。

$$场数 = 参赛人数 - 1$$

例如：18 人参赛共打 17 场，32 人参赛共打 31 场。

3. 设种子

（1）种子就是本次比赛中水平最高的选手。通常确定种子根据上次比赛的名次而定，名次在前即种子位置在前。

例如：上次比赛第一名，为本次比赛 1 号种子，第二名为 2 号种子，以此类推。

（2）种子确定以后，为了避免他们过早相遇，可用抽签的方法有目的地将他们较平均地分布在不同的区域。种子的数量一般以参赛人数而定，如 16 人设 2 人，32 人设 4 人，64 人设 4～8 人，128 人设 8～16 人。

4. 确定比赛需要的位置数

位置数就是根据本次比赛报名人数而确定所需要的运动员序号的数量。

比赛前要根据汇总表中确定的各项参赛人数确定适当的位置数，选一个接近 2 的乘方数即可，如 8、16、32、64、128 等。

5. 确定轮空或抢号

（1）由于淘汰赛用的位置数必须是 2 的乘方数，而人数每次报名都会不同，所以必须用设轮空或抢号来弥补其不足。

（2）轮空或抢号都应该均匀地分布在不同的区域。

（3）轮空或抢号的位置均从种子序号在前的选手开始排列。

（4）参赛人数超过 2 的乘方数时即用抢号，原则同轮空。抢号的选手先进入比赛，不管有几人抢号均算一轮比赛。打完一轮抢号后，进入下一轮的选手总人数是 2 的乘方数。

（5）确定轮空或抢号

① 确定轮空：在确定的位置数多于比赛人数时用轮空。例如，比赛人数是 60 人，位置数确定为 64 个，轮空数即为 4 个。

② 确定抢号：在确定的位置数少于比赛人数时用抢号。例如，比赛人数是 67 人，位置数确定为 64 个，抢号数即为 3 个。

6. 如何抽种子

（1）种子抽签原则。要将种子均匀地分布在不同的区域。

（2）种子选手应分批进入和抽入位置号，以 128 个位置数设 16 位种子为例（表6-6）。

表6-6 种子抽入顺序表

种子	方式	区域	位置
1号种子	进入	上半区顶部	1号位
2号种子	进入	下半区底部	128号位
3、4号种子	一批抽入	上半区底部和下半区顶部	64和65号位
5~8号种子	一批抽入	1/4区和3/4区底部 2/4区和4/4区顶部	32、33、96、97号位
9~16号种子	一批抽入	前8名种子所在区均分一名 且在不同的1/8区	16、17、48、49、80、 81、112、113号位

7. 解读种子抽入位置号后所在位置及轮空或抢号位置（表6-7）

表6-7 16位种子的位置号进入各区后的分布

"区"别				号码位置	种子序号
1/2区	1/4区	1/8区	1/16区		
1	1	1	1	1	1
			2	16	9~16
		2	3	17	9~16
			4	32	5~8
	2	3	5	33	5~8
			6	48	9~16
		4	7	49	9~16
			8	64	3~4
2	3	5	9	65	3~4
			10	80	9~16
		6	11	81	9~16
			12	96	5~8
	4	7	13	97	5~8
			14	112	9~16
		8	15	113	9~16
			16	128	2

8. 淘汰赛比赛轮次（图6-2）

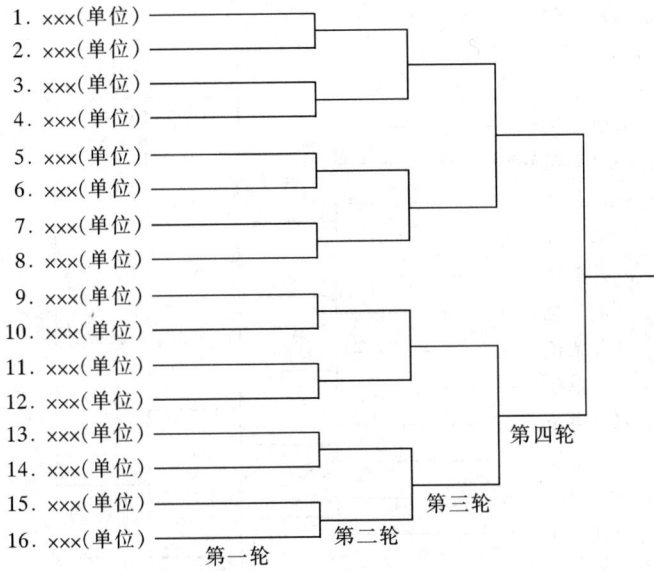

位置号.姓名(单位)

图6-2 淘汰赛比赛轮次示意图

9. 淘汰赛比赛轮空位置（图6-3）

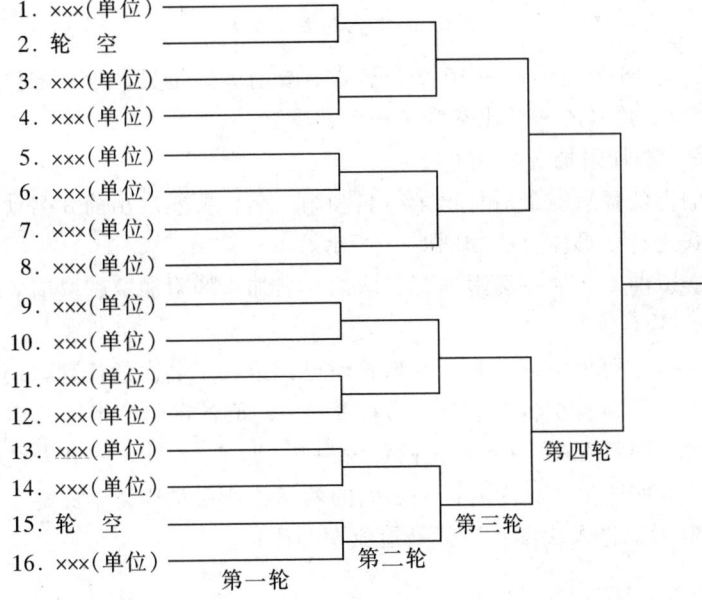

位置号.姓名(单位)

图6-3 淘汰赛比赛轮空位置示意图

10. 淘汰赛比赛抢号（图6-4）

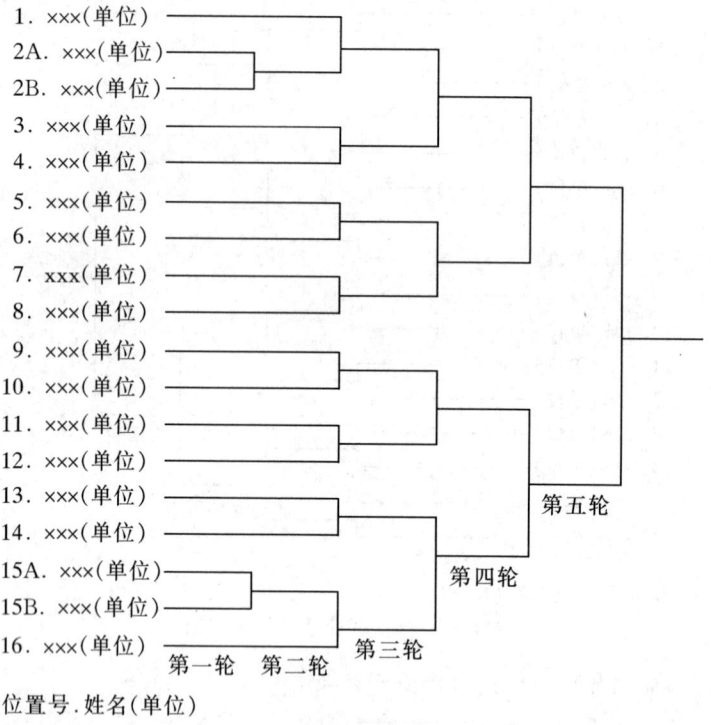

图6-4 抢号位置示意图

例如：有18个运动员用16个位置数，要有2人抢号，抢号的位置是2号位和15号位。抢号的两场比赛为第一轮比赛。

11. 淘汰赛加附加赛（图6-5）

所有的淘汰赛只能最后打出第一名和第二名，要想决出前8名就要用加附加赛的方式进行。具体打法如图6-5所示。

淘汰赛取前4名加一场附加赛、取前6名加4场附加赛、取前8名加5场附加赛。

从图6-5中可见，从前8名开始，就已经进入了名次的排列。前8名中的胜者进入下一轮即前4名的争夺，俗称8进4；负者在同一半区的运动员再相互比赛一次，两胜者决5~6名，两负者决7~8名；8进4的胜者则是争夺本次比赛前4名的选手，这4名选手之间的两场比赛通常称为半决赛，负者争夺3~4名，胜者则进入决赛，也就是冠亚军的比赛。

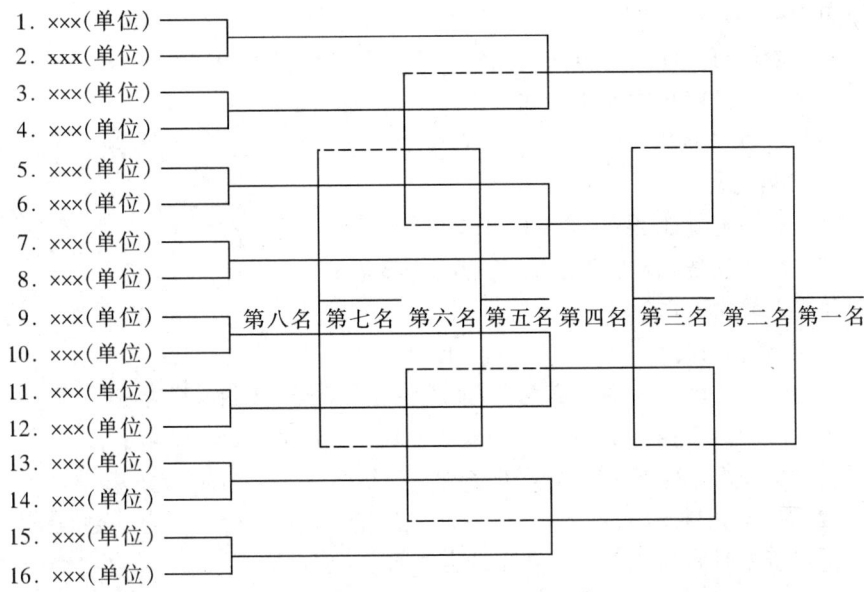

位置号.姓名(单位)

图 6-5 淘汰赛加附加赛示意图

(三)混合赛(即循环赛后加淘汰赛或淘汰赛后加循环赛)

混合赛是根据一次比赛报名人数的多少、场地设施条件以及比赛时间长短和竞赛规程的要求,来确定比赛是采取先循环、再淘汰,还是先淘汰后循环的比赛方式。有的比赛用两个阶段,有的比赛用三个阶段,每个阶段所采取的方式可灵活运用。

这种赛制灵活机动,融合了循环赛和淘汰赛两种赛制的优点,是省、市比赛和行业的基层比赛普遍采取的方法。

1. 两个阶段均用循环赛

例如:本次比赛有 16 个代表队报名参加,取前 8 名发奖,两个阶段都可采用循环赛的方式。

第一阶段可分 4 个小组进行循环赛,分 A、B、C、D 组,每组 4 个队,决出小组 1~4 名。

第二阶段取每小组第一名再循环一次决出 1~4 名,小组第二名再循环一次决出 5~8 名。以此类推,可决出所有名次。

2. 先循环赛后淘汰赛

例如:仍以 16 支代表队参赛,取前 8 名发奖,可采用先循环赛后淘汰赛的方式进行。

第一阶段分 4 个小组进行循环赛,分 A、B、C、D 组,每小组 4 个队,决出小组 1~4 名。

第二阶段可用淘汰赛方式，取每小组前两名决出 1~8 名。

本次比赛的编排预案步骤如下：

（1）轮次、场次

① 比赛总轮次

第一阶段比赛轮数：4 队-1＝3 轮；

第二阶段比赛轮数：8 是 2 的 3 次方＝3 轮；

比赛总轮次＝3 轮+3 轮＝6 轮。

② 比赛总场次

第一阶段 4 个小组的比赛场次＝4（4-1）÷2＝6×4 组＝24 场；

第二阶段淘汰赛比赛场次＝8（队）-1+5（附加赛）＝12 场；

比赛总场次＝24 场+12 场＝36 场。

（2）比赛条件

比赛所需时间为 2 天，比赛用球台 4 张。

（3）第一阶段比赛预案安排示例

① 先做出两个阶段的所有轮次和场次表（表 6-8）。

表 6-8　全部比赛轮次、场次统计显示

	组别	第一轮场次	第二轮场次	第三轮场次	合计场数	总计场次
第一阶段	1 组	2	2	2	6	36 场
	2 组	2	2	2	6	
	3 组	2	2	2	6	
	4 组	2	2	2	6	
第二阶段		4	4	4	12	

② 做出比赛草案（表 6-9）

表 6-9　比赛方案草图

	组别	第一轮	第二轮	第三轮
第一阶段	一组	2	2	2
	二组	2　5月1日上午	2	2　5月1日下午
	三组	2	2	2
	四组	2	2	2
第二阶段		4　5月2日上午　4		4　5月2日下午

表 6-8 为确定比赛方案提供了准确数据，表 6-9 为本次比赛做了时间上的准确安排。

5 月 1 日上午 8 点开始比赛，1 小时一个团体，4 张球台共打 12 个团体，平均每张球台 3 个团体。

5 月 1 日下午 14 点开始比赛，仍是 1 张球台 3 个团体，共打 12 个团体。

5 月 2 日上午 8 点开始比赛，1 张球台 2 个团体，共打 8 个团体。

5 月 2 日下午 14 点开始比赛，每张球台 1 个团体。比赛结束后举行闭幕式、发奖。

（4）4 个小组第一阶段循环赛比赛秩序表（表 6-10，表 6-11，表 6-12，表 6-13）

表 6-10　A 组第一阶段比赛秩序表

A 组		1.1	2.4	3.2	4.3	积分	比率	名次
1	1.1							
2	2.4	1 15：00 (2)						
3	3.2	1 10：00 (3)	1 8：00 (2)					
4	4.3	1 8：00 (1)	1 10：00 (4)	1 15：00 (1)				

注：一年级一班用 1.1 表示，以此类推。

表 6-11　B 组第一阶段比赛秩序表

B 组		2.1	3.3	1.4	4.2	积分	比率	名次
1	2.1							
2	3.3	1 15：00 (3)						
3	1.4	1 10：00 (1)	1 8：00 (4)					
4	4.2	1 8：00 (3)	1 10：00 (2)	1 15：00 (4)				

表6-12 C组第一阶段比赛秩序表

C组		4.1	3.4	2.3	1.2	积分	比率	名次
1	4.1							
2	3.4	1 16∶00 (2)						
3	2.3	1 14∶00 (3)	1 9∶00 (2)					
4	1.2	1 9∶00 (1)	1 14∶00 (4)	1 16∶00 (2)				

表6-13 D组第一阶段比赛秩序表

D组		1.3	2.2	3.1	4.4	积分	比率	名次
1	1.3							
2	2.2	1 16∶00 (4)						
3	3.1	1 14∶00 (1)	1 9∶00 (4)					
4	4.4	1 9∶00 (3)	1 14∶00 (2)	1 16∶00 (3)				

（5）4个小组第一阶段比赛成绩统计表（表6-14、表6-15、表6-16、表6-17）

表 6-14　A 组第一阶段比赛成绩表

A 组		1.1	2.4	3.2	4.3	积分	比率	名次
1	1.1		1∶3	1∶3	2∶3	3		4
2	2.4	3∶1		2∶3	1∶3	4		3
3	3.2	3∶1	3∶2		3∶2	6		1
4	4.3	3∶2	3∶1	2∶3		5		2

表 6-15　B 组第一阶段比赛成绩表

B 组		2.1	3.3	1.4	4.2	积分	比率	名次
1	2.1		2∶3	3∶2	3∶2	5		1
2	3.3	3∶2		1∶3	1∶3	4		4
3	1.4	2∶3	3∶1		2∶3	4		3
4	4.2	2∶3	3∶1	3∶2		5		2

表 6-16　C 组第一阶段比赛成绩表

C 组		4.1	3.4	2.3	1.2	积分	比率	名次
1	4.1		3∶2	3∶1	3∶2	6		1
2	3.4	2∶3		1∶3	3∶2	4	3 4/5	4
3	2.3	1∶3	3∶1		1∶3	4	3 4/4	3
4	1.2	2∶3	2∶3	3∶1		4	3 5/4	2

表 6-17　D 组第一阶段比赛成绩表

D 组		1.3	2.2	3.1	4.4	积分	比率	名次
1	1.3		3∶0	3∶0	3∶0	6		1
2	2.2	0∶3		3∶2	2∶3	4		3
3	3.1	0∶3	2∶3		1∶3	3		4
4	4.4	0∶3	3∶2	3∶1		5		2

> **知识链接 6-2**
>
> 循环赛名次计算方法
>
> 1. 每胜一场计 2 分,负一场计 1 分,弃权不计分。
> 2. 第一次积分后,积分相同的对手之间再一次计算得分。假如积分再相等,从净胜局数算起;若再相等,再计算得失分率。
> 3. 如两队之间积分相等,则胜者在前。

(6)第二阶段淘汰赛加附加赛比赛秩序(图 6-6)。

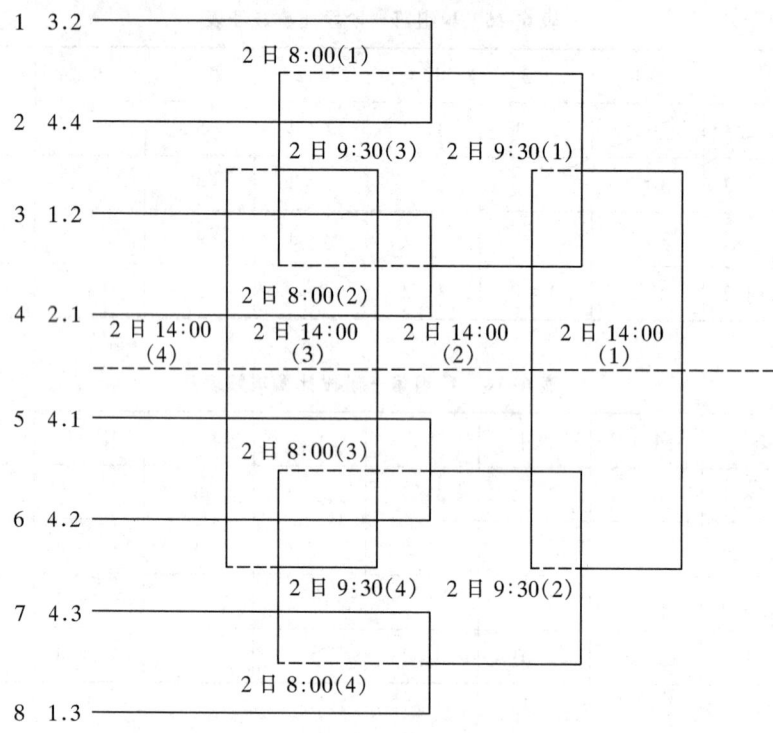

图 6-6　第二阶段淘汰赛加附加赛比赛秩序

也可用图 6-7 显示前 8 名的比赛。

表 6-18,表 6-19 所示的淘汰赛,班级的位置为:每小组第一名的位置是 1、4、5、8 号,1~4 组从上往下排列;1~4 组每小组第二名的位置是 7、6、3、2 号,运用了从下往上排列方式。这种方法避免了同一小组队伍的重复比赛,也给了每个小组第二名又一次竞争的机会。

也有的比赛在第二阶段采用重新抽签,但在抽签中要避免在第一轮相遇的两队(或选手)在同一小组。如果条件允许,应尽量避免在同一个 1/2 区或同一个 1/4 区相遇。

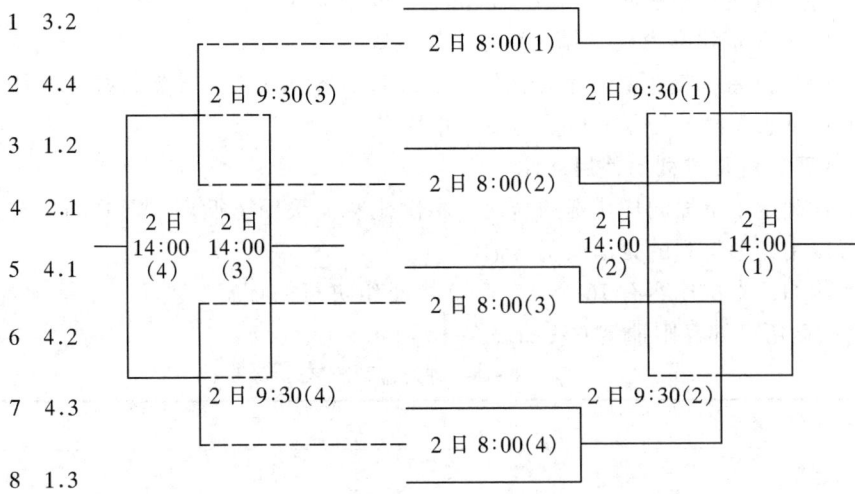

图 6-7 第二阶段比赛秩序

注：以上第一阶段和第二阶段的表中 2 日 8∶00（2）意为 2 日 8 点 2 号台比赛。

还有的采取每小组第一名位置固定，第二名在避开本小组第一名时重新抽签。但无论采取哪种方式，都须在赛前的领队、教练员联席会上说明并征得参赛队伍的认可。

四、抽签、编排中的问题解答

（一）抽签应该遵循的原则

1. 抽签必须公平、公正

比赛前的抽签应该由裁判长主持，最好是在所有参赛单位教练员都在场的情况下公开抽签。

2. 乒乓球比赛的抽签原则

首先将大会的种子选手合理分开、最后相遇，再将同单位的选手合理分开、最后相遇。

3. 裁判长一定要对比赛的人员有预见性

裁判长要对比赛人员的技术实力心中有数，才能遵循将种子合理分开、最后相遇的原则。

（二）抽签形式

目前的抽签形式有两种：一种是手工（人工）抽签，一种是电脑抽签。

（三）手工抽签的前期工作

（1）确定比赛人员和种子名单。

（2）确定比赛所需号码位置数。

（3）确定轮空和抢号的数量和轮空、抢号位置数。

（4）确定比赛形式（循环赛还是淘汰赛）。

（5）准备抽签用具。手工抽签时需准备名签、区签、号签、抽签平衡表、抽签展示表、抽签记录表以及地点、桌椅等。

（四）蛇形排列的使用条件

在确定了上届同样比赛的名次，本次比赛又采用了循环赛形式的情况下，就可以用蛇形排列的方法而不必抽签。

例如：本次比赛有16个队，分2个小组进行循环赛。其中，上届比赛前8名的队伍已知，则抽签方法如表6-18所示。

表6-18 蛇形排列顺序

一组	1	4	5	8
二组	2	3	6	7

其他队伍在种子进入小组后，可以按照报名顺序用蛇形排列的方法直接进入。

（五）16名种子选手比赛顺序的确定原则

据专业人士研究论证，当种子进入或抽入各自的位置后，其实力指数在各区是相等的。如表6-19，表6-20，表6-21所示。

表6-19 前4名种子进入和抽入后的实力指数

1/2区	种子序号	实力指数
上半区	1	5
	4	
下半区	3	5
	2	

表6-20 前8名种子进入和抽入后的实力指数

1/2区	1/4区	种子序号	实力指数	
			1/4区	1/2区
上半区	1/4	1	9	18
		8		
	2/4	5	9	
		4		

续表

1/2 区	1/4 区	种子序号	实力指数	
			1/4 区	1/2 区
下半区	3/4	3	9	18
		6		
	4/4	7	9	
		2		

表 6-21　16 名种子进入和抽入后的实力指数

1/2 区	1/4 区	1/8 区	种子序号	实力指数		
				1/8 区	1/4 区	1/2 区
上半区	1/4 区	1/8 区	1	17	34	68
			16			
		2/8 区	9	17		
			8			
	2/4 区	3/8 区	5	17	34	
			12			
		4/8 区	13	17		
			4			
下半区	3/4 区	5/8 区	3	17	34	68
			14			
		6/8 区	11	17		
			6			
	4/4 区	7/8 区	7	17	34	
			10			
		8/8 区	15	17		
			2			

（六）轮空和抢号的位置确定

轮空和抢号没有太大区别。假如有一个轮空位置，应该由 1 号种子选手使用，也就是说，这个轮空号码是 2 号位置数，这样 1 号种子选手在第一轮就没有对手，即叫"轮空"。若有两个轮空位置，应该由1、2号种子选手使用。由于2号种子选手在下半区的底部，假如共有64个位置号，则第二个轮空号码应该是63号，第三个轮空号码是34号，第四个轮空号码是31号，以此类推。

若有一个运动员抢号，抢号位置也是2号位，那么2号位置就有两名运动员。此时，由这两名运动员先比赛，胜者再与1号选手比赛，以此类推。

（七）编排比赛时需要考虑的问题

（1）一场三局两胜的比赛（个人之间）一般安排15分钟。
（2）一场五局三胜的比赛一般安排20分钟。
（3）五场三胜制的团体赛一般安排60~90分钟。
（4）一节（半天）一台最多可安排12~15场15分钟/场的比赛。
（5）一节一台最多安排10~12场20分钟/场的比赛。
（6）一节一台最多可安排团体赛2~3轮（基层比赛）。
（7）一人一天最多可参加6~8场比赛。
（8）一支队伍一天最多可参加2~4轮团体比赛。

（八）团体比赛通常采用的形式

1. 目前使用最多的形式

假设主队出场顺序为A、B、C，客队出场顺序为X、Y、Z，则出场顺序如表6-22所示。

表6-22　当前五场三胜制比赛用表

乒乓球团体比赛记分表

场次号	阶段	组别	轮次	时间	台号

对　　　

位置号：＿＿＿＿

顺序	主队	客队	1	2	3	4	5	结果
1	A	X						
2	B	Y						
3	C	Z						
4	A	Y						
5	B	X						

比赛结果：_____　　　　获胜队：_____
胜方队长：_____　　　　负方队长：_____
裁判员：_____　　　　　比赛地点：_____

主队	号码
A	
B	
C	

客队	号码
X	
Y	
Z	

2. 以前常用的形式

假设主队出场顺序为 A、B，客队出场顺序为 X、Y，第三场为双打，则出场顺序如表 6-23 所示。

表 6-23　以前常用（中间有双打）团体表格

乒乓球团体比赛记分表

场次号	阶段	组别	轮次	时间	台号

_____ 对 _____

位置号：_____

顺序	主队	客队	1	2	3	4	5	结果
1	A	X						
2	B	Y						
3	双打	双打						
4	A	Y						
5	B	X						

比赛结果：_____　　　　获胜队：_____
胜方队长：_____　　　　负方队长：_____
裁判员：_____　　　　　比赛地点：_____

主队	号码
A	
B	
双打	

客队	号码
X	
Y	
双打	

159

这种打法在基层活动中很受欢迎，如安排第一位出场是单位领导成员，第二位出场是男性，第三场双打是两位女性，形式既新颖又活泼，很能烘托气氛。

3. 团体赛比赛形式

（1）五场三胜制：一个队由 3 名运动员组成（5 场单打）。比赛顺序是：

1. A—X
2. B—Y
3. C—Z
4. A—Y
5. B—X

（2）五场三胜制：一个队由 2、3 或 4 名运动员组成（4 场单打和一场双打）。比赛顺序是；

1. A—X
2. B—Y
3. 双打
4. A—Y
5. B—X

（3）七场四胜制：一个队由 3、4 或 5 名运动员组成（6 场单打和一场双打）。比赛顺序是：

1. A—Y
2. B—X
3. C—Z
4. 双打
5. A—X
6. C—Y
7. B—Z

（4）九场五胜制：一个队由 3 名运动员组成（9 场单打）。比赛顺序是：

1. A—X
2. B—Y
3. C—Z
4. B—X
5. A—Z
6. C—Y
7. B—Z
8. C—X
9. A—Y

所有出场运动员应出自团体报名表；双打可在前一场单打结束前提交；需要连场的运动员有资格在连场的比赛之间休息最多5分钟时间；当一个队赢得足够多的场次时为一次团体结束。

4. 其他比赛形式

（1）为了活跃文体生活，可安排第一位出场的是男单选手，第二位出场的是女单选手，第三场双打由男女运动员组成混合配对，这种形式效果非常好。

（2）比赛的形式可根据每个单位的需要随意排列，如在一次团体赛中，采取了两男一女的组合，出场顺序随意安排，结果在比赛中出现了女打男的场面，气氛热烈，这在基层比赛中是很受欢迎的一种形式。

（3）对抗赛。每个单位各出相同数量的运动员，相互之间各打一场比赛，全部结束后，哪个单位净胜场次多者为胜队。

第二节　乒乓球比赛规则规程答疑

一、乒乓球比赛规则部分

（一）乒乓球器材有哪些要求

1. 球台

球台为长方形，长2.74米，宽1.525米，离地面高度为76厘米。

2. 台面弹性

当标准球从离台面30厘米处落至台面，弹起高度应约为23厘米。

3. 球网装置

球网装置包括球网、悬网绳、网柱及将他们固定在球台上的夹钳部分。

球网应悬挂在一根绳子上，绳子两端系在高15.25厘米的直立网柱上，网柱外缘离开边线外缘的距离为15.25厘米，整个球网的顶端距离比赛台面15.25厘米，整个球网的底边应尽量贴近比赛台面，其两端应尽量贴近网柱。

4. 球

直径40毫米，重量2.7克，颜色为白色或橙色，无光泽。

5. 球拍

球拍大小、形状和重量不限。底板至少有85%的天然木料。

击球的拍面应用一层颗粒向外的普通颗粒胶覆盖，连同黏合剂，厚度不超过2毫米；或用颗粒向内或向外的海绵胶覆盖，连同黏合剂，厚度不超过4毫米。

球拍两面不论是否有覆盖物，必须无光泽，且一面为鲜红色，另一面为黑色。

> **知识链接 6-3**
>
> 裁判长对有严重不良行为运动员的判罚
>
> 无论是否得到裁判员的报告,裁判长有权取消有严重不良行为或冒犯行为运动员的比赛资格,包括取消一场比赛、一项比赛或整个比赛的比赛资格。

（二）概念

1. 球从什么时间处于比赛状态（比赛从什么时间开始）

从运动员发球时球被有意向上抛起前静止在不执拍手掌上的最后一瞬间开始,就算处于比赛状态,直至这种比赛状态终止。

球处于比赛状态的一段时间叫一个"回合"。

2. 回合有几种判罚结果

一个回合有两种判罚结果：一种是得分,规则称为"1 分"；另一种是判重发球,规则称为"重发球"。

3. 执拍手

握有球拍的手叫"执拍手",只有球拍被握在手上并用符合规则的拍面击球,才叫"合法击球",否则无效。因此,在比赛中,可以用右手握拍击球,也可以随时换用左手握拍击球,这都是规则所允许的。

4. 执拍手的范围

"执拍手"包括执拍手手腕以下的部位。换言之,球被打在"执拍手"手腕以下均视为有效"击球"。

5. 阻挡

在对方击来的球向球台台面的方向运行过程中,在没有接触本方台面前是不允许触及任何物品的。不论本方运动员在一个回合开始时"穿或戴"的任何物品只要触及球均被视为"阻挡",判失 1 分。"穿或戴的物品"包括一个回合开始时运动员的眼镜、首饰、手表、佩件、服装以及脱离了执拍手的球拍等。

6. 比赛时球从网下或外侧越过或绕过,如何判罚

规则规定,球从网下或网侧"越过或绕过球网装置"应视为合法。只要不是从球网和比赛台面之间以及从球网与网柱之间穿过就行。但要看越过或绕过后的触及点,触及的位置必须符合规则要求。如越过球网装置后,球必须落在台面上,而不是侧面上。

比赛台面是指球台的上层表面,应为与水平面平行的长方形,长 274 厘

米，宽 152.5 厘米，离地面高 76 厘米。比赛台面不包括球台台面的垂直侧面。

7. 运动员能否站在球台边线以外发球

规则规定，球台的"端线"包括球台端线以及端线两端的无限延长线，只要运动员发球时持球手自始至终在端线及其延长线以后即可。

端线的界定只对发球而言，对接发球无效。尤其是双打，运动员在接发球时，甚至身体和球拍可以全进到台面内就是这个原因。

（三）合法发球和合法还击的要求

（1）对不执拍手的要求：发球时，球应自然地置于不执拍手的手掌上，手掌张开，保持静止。发球员须将球几乎垂直向上抛起至少 16 厘米，不得使球旋转，从最高点下降时方可击球。

（2）对执拍手的要求：当球从抛起的最高点下降时方可击球，应先将球打在本方台区，然后越过球网再触及对方台区。在双打的时候，应先触及本方台区的右半区，再越过球网触及对方台区的右半区。

（3）发球时球所在的空间位置：必须垂直上抛至少 16 厘米；从最高点下降时方可击球；从发球开始，到球被击出，球要始终在比赛台面的水平面以上和发球员的端线以外。

（4）发球时无遮挡要求：运动员发球时，应让裁判员和副裁判员看清自己是否按照合理发球的规定发球。

（5）对质疑发球的合法性判罚：如果一个运动员在同一场比赛中已被裁判员因为发球的合法性产生怀疑而被警告过一次，再一次使裁判员产生怀疑时就不再警告，而是直接判失 1 分，不论是否出于同一原因被怀疑。

（6）对发球不合法的判罚：不论何时，只要明显的未按合法发球规定发球，无需警告，直接判失 1 分。

（7）由于伤残原因而不能执行合法发球的某些规定时，裁判员可决定免予执行。

（8）在对方运动员发球或还击后，本方运动员必须击球。

（四）1 分、1 局和 1 场

1. 1 分

下列情况运动员得 1 分：

（1）对方运动员未能合法发球。

（2）对方运动员未能合法还击：

① 球在对方运动员击球前即触及其穿和戴的物品。

② 球在触及对方运动员的台面之前被"阻挡"。

③ 对方运动员击出的球未触及本方台区而越过本方端线。

④ 对方连击。

⑤ 球在对方击球前已连续两次触及对方台面（两跳）。
⑥ 用不符合规定的拍面击球。
⑦ 对方运动员穿或戴的任何物品使球台移动。
⑧ 对方运动员不执拍手在"回合"中触及比赛台面。
⑨ 双打时，对方运动员击球次序错误。

2. 1 局

在一局比赛中，先得 11 分的一方为胜方。比分 10 平后，先多得 2 分的一方为胜方。

3. 1 场

一场比赛由奇数局组成。

一般一场比赛可分为：三局两胜、五局三胜、七局四胜、九局五胜。

比赛一般按次、场、局、分 4 级划分。"次"是对团体比赛而言，每两个队之间的比赛叫"次"；队员之间的比赛叫"场"；一次团体赛采用五场三胜制，每场比赛采用五局三胜或三局两胜制，每局 11 分。

在循环赛计算成绩时，也是按次、场、局、分 4 级计分，胜一次计 2 分，负一次计 1 分，弃权计 0 分，按积分多少计算比赛名次。如积分相等，再算相等积分之间的次分；如再相等，则算场率；场率再相等，计算局率；局率再相等，计算各局的得失分率，直至计算出名次。

比率的计算方法是：胜的数据/负的数据。

如果只有两队之间积分相等，两者之间的胜者在前。

如果在一个计算阶段已经决定出了一个或更多队（人）之间的名次，而还剩有 2 个或以上队（人）的积分相等，则重新计算相等积分队（人）之间的积分，程序仍按次、场、局、分的顺序计算，直至计算出全部名次。

（五）重发球

1. 回合中出现哪些情况判重发球

（1）擦网：即发球员发出的球在越过或绕过球网装置时，触及了球网装置。

（2）擦网后阻挡：球发出后，在触及了球网装置后被接发球员阻挡。

（3）球发出时接发球员未准备好并且没有企图击球。

（4）由于发生了运动员无法控制的干扰致使运动员未能合法发球、合法还击或遵守规则。无法抗拒的干扰包括：①灯破损；②球破损；③飞虫迷了运动员的眼睛；④外界球飞入本台面和台区内；⑤挡板倒落等。

（5）裁判员叫停等。

2. 裁判员或副裁判员暂停比赛的权限范围

（1）纠正发球、接发球或方位错误。

（2）实行轮换发球法。
（3）警告或处罚运动员。
（4）比赛环境受到了干扰，该回合的结果有可能受到影响。

（六）比赛次序

1. 比赛前如何确定发球、接发球和方位次序

选择发球、接发球和方位的权力由抽签决定，通常用掷挑边器或硬币的方法中签者可以有以下权力之一：

（1）选择先发球或先接发球。
（2）选择先在某一方位。

当中签方运动员选择以后，另一方运动员必须有另一个选择。

2. 比赛中的次序

（1）一方得 2 分后，接发球方即成为发球方，以此类推。但双方比分都达到 10 分时，每人只轮发一分球。

（2）在双打中，先发球方确定第一发球员，再由接发球方确定第一接发球员。在以后的各局比赛中，第一发球员确定以后，第一接发球员应是前一局发球给该发球员的运动员。

（3）在双打中，每次换发球时，前面的接发球员应成为发球员，发球员的同伴应成为接发球员。

（4）一局中首先发球的一方，在该场下一局应首先接发球。

（5）在双打决胜局中，当一方先得 5 分时，接发球双方应交换接发球次序。

（6）一局结束时，双方应交换方位。

（7）在决胜局中，一方先得 5 分时，双方应交换方位。

（七）对比赛中出现发球、接发球和方位错误的处理原则

裁判员一旦发现发球、接发球和方位错误，应立即停止比赛，并把握以下处理原则：

1. 在单打中发现错误

按该场比赛开始时确定的次序，按场上比分由应该发球或接发球的运动员发球或接发球。

2. 在双打中发现错误

按发现错误时那一局中首先有发球权的一方所确定的次序予以纠正，再继续比赛。

3. 发现错误后的处理办法

按该场比赛开始时确定的次序和场上的比分纠正运动员应站的方位，再继续比赛。

4. 发现错误时对比分的处理办法

在任何情况下，发现错误之前的所有得分均有效。

（八）轮换发球法

1. 在什么情况下实行轮换发球法

（1）一局比赛进行到10分钟仍未结束。

（2）在此之前任何时间应要求双方运动员实行轮换发球法。

（3）在双方都已获得至少9分时除外。

2. 处理原则

（1）时限到时，球若处于比赛状态，裁判员应立即暂停比赛，由被暂停回合的发球员发球，继续比赛。

（2）时限到时，球未处于比赛状态，应由前一回合的接发球员发球，继续比赛。

（3）轮换发球法开始后，每位运动员只轮发1分球，直至该局结束。

（4）一个回合开始后，副裁判员应对接发球方的每一次还击报出次数，并让双方运动员听清楚。如果接发球方打了13次合法还击，则判发球方失1分。

（5）轮换发球法一经实行，将一直使用到该场比赛结束，不得更改。

二、乒乓球比赛规程部分

（一）比赛条件

（1）球拍击球拍面必须有清晰可见的国际乒联（ITTF）的标记。

（2）赛区的空间应不少于14米长、7米宽、5米高，且每一台区应由75厘米高的挡板围起。

（二）裁判人员的分工与管理

1. 裁判长

每次比赛应指派一名裁判长，其身份和工作地点应告知所有参赛者及队长。

裁判长应对下列事项负责：

（1）主持抽签。

（2）编排比赛日程。

（3）指派裁判员。

（4）主持裁判员的赛前短会。

（5）审查运动员的参赛资格。

（6）决定在紧急时刻是否中断比赛。

（7）决定在一场比赛中运动员是否可以离开赛区。

（8）决定是否可以延长法定练习时间。

（9）决定在一场比赛中运动员能否穿长运动服。

（10）对解释规则和规程的任何问题做出决定，包括服装、比赛器材和比赛条件的可接受性。

（11）决定在比赛紧急中断时，运动员能否练习以及练习地点。

（12）对于不良行为或其他违反规程的行为采取纪律行动。

（13）裁判长或在其缺席时负责代理的副裁判长，在比赛过程中自始至终应亲临比赛场地。

（14）如果裁判长认为必要，可在任何时间更换裁判人员，但不得更改被更换者在其职权范围内就事实问题做出的决定。

（15）从抵达比赛场地开始至离开比赛场地，运动员应处于裁判长的管辖之下。

2. 裁判员

（1）每场比赛均应指派1名裁判员和1名副裁判员。

（2）裁判员应坐或站在球台一侧，与球网成一直线。副裁判员应面对裁判员坐在球台另一侧。

（3）裁判员应对下列事项负责。

① 检查比赛器材和比赛条件的可接受性，如有问题向裁判长报告。

② 裁判员在进入赛区前，从运动员挑选的一个或几个比赛用球中任意取一只球。

③ 主持抽签决定发球、接发球和方位。

④ 决定是否由于运动员身体的伤病而放宽合法发球的某些规定。

⑤ 控制方位和发球、接发球的次序，纠正上述有关方面出现的错误。

⑥ 决定每一个回合得分或重发球。

⑦ 根据规定的程序报分。

⑧ 在适当的时间执行轮换发球法。

⑨ 保持比赛的连续性。

⑩ 对违反场外指导等规定者给予处罚。

3. 副裁判员

（1）决定处于比赛状态中的球是否触及距离他最近的比赛台面的上边缘。

（2）根据裁判员的报分准确显示比分。

（3）在执行轮换发球法时，作为计数员，报出接发球员的击球次数。

4. 裁判员和副裁判员都有权决定的问题

（1）运动员发球动作是否合法。

（2）合法发球在球越过或绕过球网装置时是否触及球网装置。

(3) 运动员是否阻挡。

(4) 比赛环境受到干扰，该回合的结果是否有可能受到影响。

(5) 掌握练习时间、比赛时间及间歇时间。

(6) 从抵达比赛区域开始至离开区域，运动员应处于裁判员的管辖之下。

（三）比赛的管理

1. 报分

(1) 当球一结束比赛状态，或在情况允许时，裁判员应立即报分。

(2) 报分时，裁判员应首先报下一回合即将发球方的得分，然后报对方的得分数。

(3) 在一局比赛开始后该交换发球权时，裁判员的手势应指向下一个即将发球者，也可以在报完比分后，报出下一个即将发球员的名字。

(4) 一局比赛结束时，裁判员应先报胜方运动员的姓名，然后报胜方得分数，再报负方的得分数。

(5) 裁判员除报分外，还可以用手势表示他的裁决。

(6) 当判得分时，裁判员可将靠近得分方的手握成拳举至齐肩。

(7) 当这一回合被判为重发球时，裁判员可以将手掌掌心向前高举过头。

2. 对球拍和球的管理

(1) 运动员不得在赛区内挑选比赛用球。

(2) 运动员在赛前和在赛区外，应有机会挑选一个或几个比赛用球（一般比赛挑2个），并由裁判员任意取一个球进行比赛。

(3) 在比赛中如果球损坏了，应由赛前选定的另外一个球代替；如果没有赛前选定的球，则由裁判员从一盒大会指定的比赛用球中任意取一个球代替。而不论是哪一种球，只允许练习少数几个回合。

(4) 在一场单项比赛中，不允许更换球拍，除非球拍严重损坏不能使用。如果运动员在比赛中损坏了球拍，应立即替换随身带来的另一块球拍或场外递进的球拍。

(5) 运动员在比赛间歇时，应将球拍留在比赛的球台上。得到裁判员的特殊许可除外。

(6) 在更换新的球拍后，可以练习少数几个回合。

3. 间歇的管理

(1) 在局与局之间，休息时间不超过一分钟。

(2) 在每局比赛中，每得6分后或6的倍数，或决胜局交换方位时，给运动员短暂的时间擦汗。

(3) 一名或一对双打运动员可在一场比赛中要求一次暂停，时间不超过一分钟。

（4）在单项比赛中，暂停可由运动员或指定的场外指导者提出；在团体比赛中，应由运动员或队长提出。

（5）如果一名运动员或一对运动员与其指导者或教练员对是否暂停有不同意见时，在单项比赛中决定权属于这名或这对运动员；在团体比赛中，决定权属于队长。

（6）请求暂停只有在球未处于比赛状态时提出，应用双手作出"T"型表示。

（7）当一方得到合理的暂停请求后，裁判员应出示白牌，然后将白牌放在提出要求暂停一方运动员的台面上。

（8）当提出暂停的一方运动员准备继续比赛（以时间短的计算）或一分钟暂停时间已经到，白牌应被拿走并且立即恢复比赛。

（9）如果比赛双方运动员或是他们的代表同时提出暂停，应在双方运动员准备恢复比赛或一分钟暂停时间到时继续比赛。

（10）在一场单项比赛中，双方运动员都不再有暂停的权力。

4. 纪律的管理

（1）场外指导

① 团体比赛。运动员可接受任何人的场外指导。

② 单项比赛。运动员只能接受一人的场外指导，而这个指导者的身份应在该场比赛前向裁判员说明。如未被授权的人作场外指导，裁判员应出示红牌令其远离比赛区域。

③ 在局与局之间的休息时间或经批准的中断时间内运动员可接受场外指导，但在赛前练习结束后到比赛开始前不能接受场外指导。如果授权的指导者在其他时间内进行指导，裁判员应出示黄牌予以警告；如在警告后再次违犯，将被驱除出比赛区域。

④ 在一个团体赛或单项比赛中的一场比赛指导者已被警告过，如任何人再进行非法指导，裁判员将出示红牌，并将其驱除出赛区，不论其是否曾被警告过。

⑤ 在团体比赛中被驱除出赛区的人不允许在团体赛结束前返回，除非需要他上场比赛。在单项比赛中，不允许在该场单项比赛结束前返回。

⑥ 如被驱除出赛区的指导员拒绝离开或在比赛结束前返回，裁判员应中断比赛，并立即向裁判长报告。

（2）不良行为

① 运动员和教练员应克服那些可能不公平地影响对手、冒犯观众或影响本项运动声誉的不良行为，诸如粗言秽语、辱骂性语言、故意弄坏球或将球打出赛区、故意拖延比赛时间、踢球台或挡板和不尊重比赛官员等。

② 任何时候，运动员或教练员出现严重冒犯行为，裁判员应中断比赛，立即报告裁判长。如果冒犯行为不太严重，第一次裁判员可出示黄牌，警告冒犯者，如再次冒犯将被判罚。

　　a. 运动员在受到警告后，在同一场单项比赛或团体比赛中第二次冒犯时，裁判员应判对方得 1 分；再犯，判对方得 2 分。每次判罚，应同时出示黄牌和红牌。

　　b. 在同一场单项或团体比赛中，运动员在被判罚 3 分后继续不良行为，裁判员应中断比赛，并立即报告裁判长。

③ 在双打配对中任何一名运动员所受到的警告或判罚，都被视作是该对双打运动员的。也就是说，双打运动员两位一体，警告和判罚了一位，就等于同时另一位也受到了警告或判罚。

④ 教练员在受到警告后，在同一场单项比赛或团体比赛中再次冒犯，裁判员应出示红牌并将其驱除出比赛区域，直到该场团体赛或单项赛中的该场单项比赛结束才可返回。

⑤ 无论是否得到裁判员的报告，裁判长有权取消有严重不公平或冒犯行为运动员的比赛资格，包括取消参加一场比赛、一项比赛或整个比赛的比赛资格。当他采取行动时，应出示红牌。

⑥ 如果一名运动员在团体（或单项）比赛中有两场被取消了资格，就自动取消了其参加团体（或单项）比赛的资格。

⑦ 裁判长有权取消已经两次被驱逐出赛区的任何人在本次竞赛剩余时间里的临场资格。

第三节　裁判员临场工作程序

　　乒乓球裁判员的临场工作，在长期的裁判工作中已经形成了一整套较为完整和便于操作的流程。不论大小比赛，该基本操作程序不变。不论现场人员多少，场面多大，每个乒乓球比赛的临场裁判员都能有条不紊地按照操作程序工作，从而保证了整个比赛的顺利进行。现将乒乓球裁判员临场操作程序说明如下：

一、比赛前的工作

（一）检查比赛必备用品

　　一般比赛时，大会都提供一个器材包，由器材组在发给每位裁判员时已经将其装备完毕，但为了保证比赛的顺利进行，在到达场地前裁判员还要重新检查一遍，以防万一。器材包里面配置的物品为：

（1）比赛用球。

(2) 量网尺。

(3) 团体（或单打）比赛用记分表格和记分夹。

(4) 记分用圆珠笔。

(5) 挑边器（也可用硬币代替）。

(6) 红、黄、白牌和暂停用"T"型牌。

(7) 团体或单打用队牌、姓名牌和大局分牌。

(8) 擦台用毛巾。

(9) 秒表。

(10) 秩序册。

（二）比赛赛区的可使用性

到达比赛场地后，主、副裁判员可按照以下分工检查赛区：

1. 裁判员

检查比赛场区的可使用性。

(1) 球台是否整齐。

(2) 球网高度是否需调整。

(3) 台面是否干净。

(4) 挡板是否排放整齐。

(5) 队牌、姓名牌和大局分是否挂好。

(6) 主裁判椅是否与球网成一直线。

2. 副裁判员

(1) 检查翻分器是否完好。

(2) 检查副裁判桌和椅是否放好。

(3) 检查秒表是否工作正常。

(4) 将小"T"型牌放在翻分器下，大"T"型牌放在垂手可及的地方。

(5) 与主裁判一起检查挡板。

(6) 将翻分器显示为无比分、无局分（图6-8）。

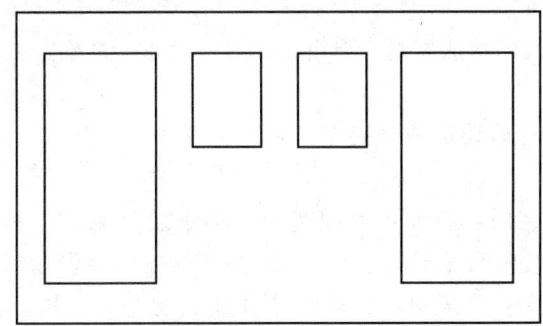

图6-8 运动员未到场

（7）在双方运动员到达比赛场地后，将翻分器的小局分显示为0∶0（图6-9）。

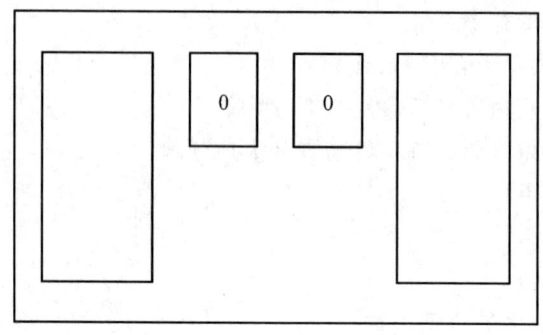

图6-9 双方运动员已到达场地

（三）运动员到达赛场后，比赛开始前的工作

团体比赛前组织双方队长挑选主、客队。

（1）主持抽签。请双方队长用掷挑边器（或硬币）的方式决定由谁先做出选择，中签者有权选择要主队（A、B、C）还是要客队（X、Y、Z）。

掷挑边器时，最好将其放在食指第一关节处，拇指托在它的下面向上弹动，使其翻转后直接落在地上，并让双方队长看清最后结果。

（2）将主队（A、B、C）和客队（X、Y、Z）交由双方队长填写比赛顺序。

（3）收回排名表后将表给双方队长过目，然后将排名顺序填写在比赛记分表中。

（4）排名表一经交换不准更改。

（5）按照排名顺序，组织双方第一名出场的运动员选择发球、接发球次序和方位。

（四）三检查、两挑选

知识链接6-4

乒乓球裁判员的执法原则：严肃、认真、公正、准确。

1. 三检查

（1）检查上场运动员的号码布：检查其是否与秩序册上号码相同，运动员有无参赛证。

（2）检查服装的可行性：团体赛的出场服装（款式、颜色）是否一致，双方运动员的服装应明显不同，有不符合规则规定者报告裁判长。

（3）检查球拍：有无国际乒联规定ITTF的标志，球拍颜色是否是一面鲜红、一面黑色，胶皮和海绵的厚度、颗粒胶的数量是否符合规定，球拍拍面是否完整，有无明显破损等。

2. 两挑选

（1）挑选发球、接发球次序和方位：用掷挑边器（或硬币）决定由谁先选，中签者可选择发球、接发球次序或方位。中签者选择以后剩下的机会由另一方选择。

（2）挑选比赛用球：双方运动员在一盒大会指定的比赛用球中选择1～2个球，再由裁判员从中取出一个用于比赛。假如双方运动员就比赛用球的意见不一致，则裁判员可任意挑选一只，运动员必须服从。

（五）检查比赛赛区的完整性

（1）双方运动员的毛巾是否放入毛巾盘。

（2）挡板上有无杂物或是否整齐。

（3）再一次检查随身要带的红、黄、白牌，比赛用球，记分夹和笔。

（4）向临场裁判长示意赛前工作完毕。

二、比赛中的工作

（一）入场和赛前

（1）以裁判员、副裁判员、离入场远方运动员、离入场近方运动员的顺序站好后，随着运动员进行曲入场。

（2）入场后一般是面对球台，面向主席台行注目礼后相互握手，然后走向各自的方位。

（3）主裁判员站立球网处向双方运动员宣布"练习两分钟"，然后将球慢慢滚动给即将发球方的运动员，坐上主裁判椅。

（4）副裁判员在运动员练习开始即开表记练习时间。

（5）在运动员练习时，副裁判员可以走向入口处关闭挡板，并看一眼队牌、姓名牌指示是否正确。

（6）副裁判员在两分钟时宣布"练习时间到"。主裁判右手垂直上举、掌心向前示意练习停止，收回比赛用球。

（7）双打时，要确定第一发球员和第一接发球员。

（二）比赛进行中

1. 起动比赛

主裁判员将比赛用球拿在将要发球方运动员一侧的手中。看到双方运动员已准备好，副裁判员也准备好后，主裁判员掌心向上，指向接发球方，同时宣布"比赛开始，×××准备"，然后将球抛向发球方，掌心向上，指向发球方，宣布"×××发球，0∶0"。听到主裁判员报完"0∶0"后，副裁判员将比分显示为0∶0（图6-10）。

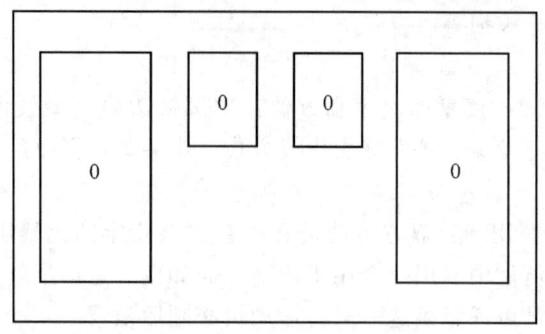

图 6-10　一场比赛开始时 0∶0

2. 比赛中

（1）副裁判在进入比赛状态时开动计时器，并在以下情况下随时开关计时器：

① 暂停时。球飞出赛区、外界球进入赛区、一分钟暂停、比赛器材损坏、无法控制的干扰等。

② 对场外指导予以判罚。

③ 对运动员的不良行为予以判罚。

④ 一局比赛进行到 10 分钟时还未结束。

（2）主裁判员在每个回合结束时宣布得分或重发球。宣布得分时，主裁判员应举拳示意，并在适当时候宣报比分，报分时要先报下一回合将要发球方的分数。主裁判员宣报比分以后，副裁判员方可显示比分（图 6-11）。

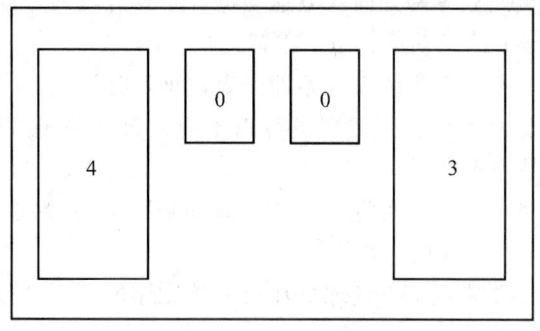

图 6-11　副裁判员显示比分

（3）在比赛中主裁判要做到保持比赛的连续性，包括对运动员的行为加以限制，如擦汗速度、交换发球时的发球速度；对场外指导的时间加以限制，如 1 分钟时间到时催促运动员返回；对裁判员本身的工作加以限制，如一局比赛结束时迅速记分，交换队牌、姓名牌和大局分牌，为下一局比赛及时做好准备；副裁判员要等待主裁判记分完毕方可还原比分（图 6-12）；一场比赛结束后迅速组织下一场等。

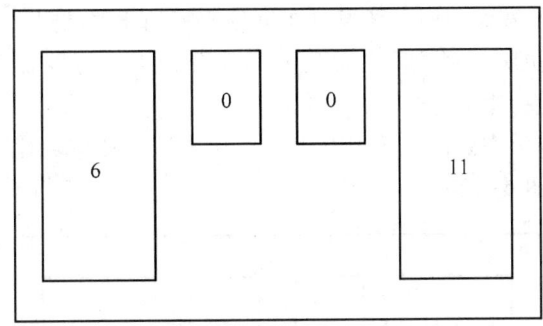

图 6-12 一局比赛结束后

（4）主裁判员记好比分，运动员回到球台前，副裁判员将翻分器还原，并显示小局分（图 6-13）。

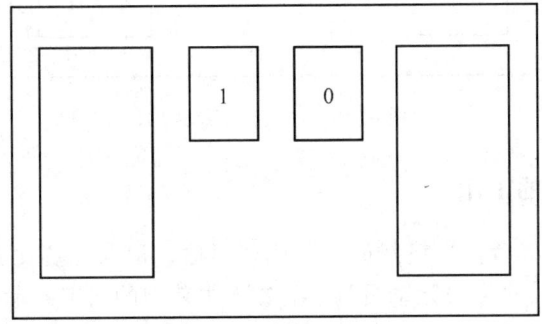

图 6-13 局与局之间休息时

（5）副裁判员掌握好局与局之间的休息时间，时间一到马上向主裁判示意并召回运动员。

（6）局与局之间的休息时间，运动员的球拍应放在球台上。

（7）下一局比赛开始，主裁宣布"0∶0"时，副裁判员再把比分显示为 0∶0（图 6-14）。

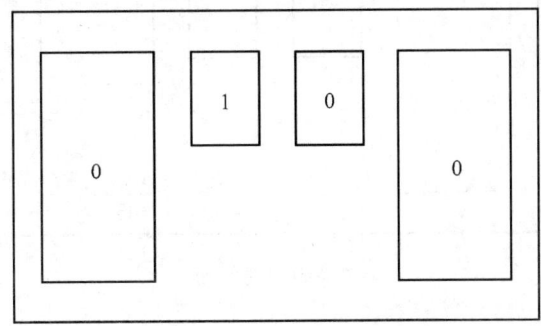

图 6-14 第二局比赛开始，主裁判报 0∶0 后

（8）一场比赛结束后，应宣布比赛结果。先宣布胜方的比分，后宣布负方的比分。团体比赛结束时，还要宣布全场比赛的比赛结果。

（9）主裁判员将当场比赛的最后一局比分记下，再检查全部记分表格是否记录清楚。

（10）副裁判员在这时先不要马上还原比分器，让整场比赛的比分在翻分器上持续显示（图6-15）。

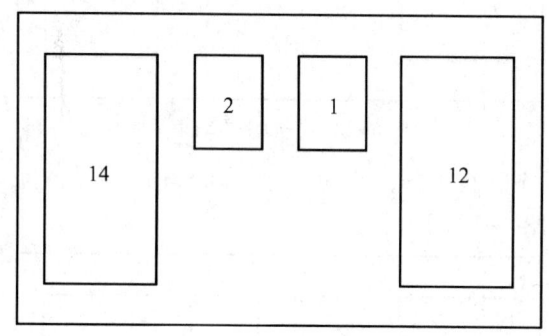

图6-15　一场比赛结束时

三、比赛后的工作

（1）比赛结束后，主裁判员收回比赛用球，记录比赛比分，并检查全部记分表的正确性，请双方运动员签字后签上主裁判的名字，审核无误后与队牌或姓名牌一起交记录台。

（2）退场前，检查赛区秩序，拿好毛巾、T型牌、秒表等物，再将翻分器调整到无任何显示状态（图6-16）。

（3）主、副裁判员一起整齐退场。

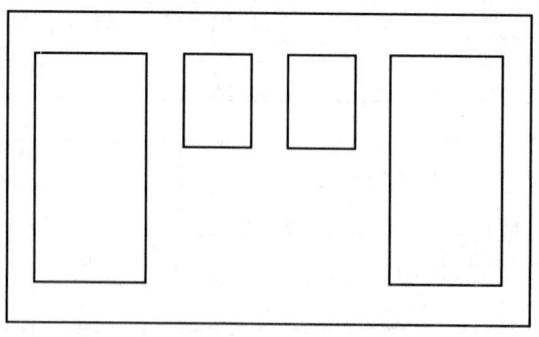

图6-16　退场时

第四节　裁判员手势

1. 练习两分钟（图6-17）
2. 得分（图6-18）

图6-17　　　　　　图6-18

3. ×××准备、×××发球（图6-19）

图6-19

4. 黄牌警告（图6-20）
5. 停止练习、阻挡、台面移动、擦网、中断比赛（图6-21）
6. 交换方位（图6-22）

图6-20　　　　　图6-21　　　　　图6-22

思考题

1. 乒乓球比赛前的组织工作内容有哪些？
2. 乒乓球裁判员临场工作程序有哪些？
3. 裁判员手势有哪些？

第七章　乒乓球运动观赏

章前导言

体育比赛大家都爱看，尤其是自己偏爱的运动，更是翘首期盼，是什么力量让体育比赛如此吸引观众？看什么？怎么看？每个人有不同的目的。乒乓球是一项极具魅力的运动项目，要想从中体会其无穷的乐趣，享受变幻莫测的玄妙，对乒乓球运动有更深一步的了解，必须要走近它，深入它，才能提高欣赏水平，从中得到美的享受，接受美的教育。

学习目标

1. 了解乒乓球运动观赏的意义。
2. 学会在乒乓球运动观赏过程中进行情感交流。
3. 了解观赏乒乓球运动的方法和内容。

关键词

乒乓球运动　观赏

第一节　乒乓球运动观赏的意义

乒乓球运动之所以长盛不衰，逐渐发展为"国球"，除了因为教练员、运动员奋力拼搏取得的辉煌战果外，民众的关注和支持也是非常重要、必不可少的。一个运动项目与人民大众的关系就如同鱼和水，水足则鱼兴。有了广大观众的支持和呐喊，运动员能更加斗志昂扬、意气风发、信心百倍地投入比赛。精彩的技术、战术发挥又带来了极具观赏性的比赛场面，使观众把美的信息传向大脑，随之人的各种生理要素和心理能力被调动起来，客体在主体的观看中由表象转而意象，从而达到与主体交互作用，最后达到和谐统一的境界。这种主、客体关系的变化过程就是欣赏的魅力所在。

> **知识链接 7-1**
>
> 只有正确地欣赏别人，才能正确地修正自己；只有懂得发现美，才能接受美。人们凭借这种对美的直接感知能力，可以省略无数中间环节，对具有美的性质的事物作出准确的判断。

一、提高生活质量，排解工作压力

随着现代工作中知识的不断更新、经济压力以及生活节奏的加快，人们面临的压力越来越大。欣赏乒乓球运动可以有效地缓解压力。在欣赏的过程中，可以舒缓心情、释放情感、追求真我。那一刻的手舞足蹈、摇旗呐喊，会让自己尽情地宣泄，把在工作、生活、学习中产生的种种压力和不快一扫而光，从而使自己从纷繁事物中得以解脱，使自我焕然一新。在工作之余高质量地享受生活，成了现代年轻人追求的时尚。

二、提高观赏水平，从中陶冶情操

乒乓球竞赛的过程是比较公平、公开的。虽然偶有不和谐，但与整个乒乓市场相比不碍大局。在观赏乒乓球比赛的过程中，要树立正确的体育欣赏观，不断提高自身的欣赏能力，自觉抵制不正确观赏举动和言行，学会遵守规则、恪守道德、尊重裁判，在观赏中受到美的教育，从中陶冶情操。

三、感受竞争环境，提高竞争意识

竞赛的过程就是竞争的过程。在欣赏乒乓球比赛的过程中，可以使自己从运动员的奋力拼搏中感受顽强的意志，增强自豪感；可以从团结协作中感受集体的力量，提高对集体的信赖感和集体荣誉感；从比赛的相互合作中感受相互信任和互相支持的氛围，培养协同作战的精神，增强配合意识。

现代社会本身就是一个竞争激烈的社会，像乒乓球比赛一样优则胜、劣则汰，没有竞争力很难有立足之地。体育运动最能体现公平竞争的法则。在欣赏激烈的乒乓球比赛中，可以使人感受竞争的存在，提高观赏者的竞争意识。

四、促进观赏过程中的情感交流

情感是人们对客观事物的需要与人的内在需要之间关系的反映。这种在欣赏过程中建立在精神关系上的情感属于高级情感。例如，在欣赏乒乓球比赛中，自己喜欢的球队（或队员）获胜就会为之高兴，反之会惋惜，甚至伤心；还会为赛场上表现出来的良好作风和高尚风格表示称赞和鼓励，也会为赛场上出现的不良行为感到不满或气愤。这些主观上的情感体验，都是高级情感的具体表现。

情感存在于整个比赛过程中，主体因客体的变换而产生不同的情感体验。例如，在第48届世界乒乓球锦标赛中，只要是中国选手和外国选手的争夺战，球赛的入场券就买不到，观众的气氛就高涨，尤其是当局点、赛点时，观众情绪就会达到沸点。而决赛之夜的冠亚军之争，由于都是中国选手，已没有了悬念，而使入场券价值大跌。这就是情感在欣赏活动中的作用，它广泛地渗透在其他心理要素之中，成为触发其他心理要素的诱因，且充当它们的中介和动力。只有当比赛过程充满未知、产生巨大悬念时，观众的情绪才会更加高涨。在比赛中，这种现象被称为"看点"。

但是，在欣赏过程中，情感的发展并非无节制的，理解对情感有控制和引导作用。这种理解包括了主体对客体的理解以及主体对运动项目的理解。

第二节　乒乓球运动观赏的内容

观赏运动项目的目的不同，主体的需求就有所不同。但许多观赏者大都想从中体味更深层次的乐趣，享受比赛过程给人们带来的欢乐和刺激。但是，常言说得好，内行看门道，外行看热闹，要想从中看出玄机，从中获得更多的身心体验，还要从以下几个方面去了解。

一、赛前对出场人员的了解

对抗类运动项目在观看前要对双方参赛人员的实力水平有所了解。长期关心乒乓球运动的热心观众，都会凭对以往比赛的记忆和宣传报道了解运动员。哪一个运动员是什么打法、世界排名第几位、目前的比赛成绩、本人的比赛目标等，观众都应有所了解。尤其是抽签结果公布以后，人们往往对运动员的胜数开始分析，这也成了人们在街头巷尾茶余饭后议论话题的中心内容。山雨欲来风满楼，比赛还没开始，人们的向往和期盼已经被拉向极点。带着这种心情观看比赛，可以使积聚多日的情感得到最大限度的释放。

二、了解出场布阵，看懂其中玄机

团体赛讲究排兵布阵，也是每个参赛单位最看重的赛事。团体比赛代表了一个单位的整体水平，尤其是在世界比赛中，团体赛代表了一个国家的乒乓球实力。因此在赛前，教练员会根据对手的情况慎重讨论，研究出场的先后顺序，这是比赛中的战略问题。

团体赛的主队排序是 A、B、C，第一主力第一个上场，打第一和第四场；第二主力在第二位，打第二和第五场；第三主力打第三场。客队排序是 X、Y、Z，第一主力第二个出场，打第二和第四场；第二主力第一个出场，打第一场和第五场；第三主力打第三场。这只不过是正常排序而已。有时参赛队想出奇制胜，就会违背常规，通常把这种排序叫"反排"，出现的排序（以客队为例）与正常排序对比如下（图7-1，图7-2，图7-3，图7-4，图7-5，图7-6）。

A—X…2号	A—X…1号	A—X…3号
B—Y…1号	B—Y…2号	B—Y…1号
C—Z…3号	C—Z…3号	C—Z…2号
A—Y…1号	A—Y…1号	A—Y…1号
B—X…2号	B—X…1号	B—X…3号
图7-1 正常	图7-2 反排	图7-3 反排
A—X…1号	A—X…2号	A—X…3号
B—Y…3号	B—Y…3号	B—Y…2号
C—Z…2号	C—Z…1号	C—Z…1号
A—Y…3号	A—Y…3号	A—Y…2号
B—X…1号	B—X…2号	B—X…3号
图7-4 反排	图7-5 反排	图7-6 反排

以上出现的排序均是乒乓球规则所允许的。各队在比赛前决定人员出场先后，一般在赛前的前一天晚上就已研究决定。其中排序的变化有什么不同呢？按图7-1所示，如主队的第一主力（A）有较强的实力（B、C选手技术水平一般），要想取胜，就要在第二主力（B）和第三号队员（C）身上寻求突破点。所以，客队为了确保胜利，排出了图7-4的布阵，用2号打对方的3号，用1号在最后一场保底，这样，就可以3∶2取胜。在实际的排阵过程中，有

时会遇上双方队伍都想出奇制胜，结果出现排序后双方都是反排的情况。因此，表面上看一次比赛没有什么变化，实际上，在比赛前就已经硝烟弥漫、火药味很浓了，比赛双方都在斗智斗勇。所以，了解双方的布阵情况对观赏比赛很有意义。

三、了解打法特点，观赏其中乐趣

乒乓球的打法多种多样，有近台快攻、直拍横打、拉攻结合、削中反攻等。但不管是哪种打法，都有其看点。

（1）近台快攻以快制胜，但遇上不太多见的削球手有时会不太适应。韩国选手朱世赫就是凭借稳健的削球在第47届世乒赛上连克庄智渊、马琳、格林卡，最后杀入决赛，最终取得男单亚军。

（2）直拍横打在男单的骄人成绩，不得不让人信服其威力。以刘国梁少帅为代表的打法后继有人，马琳、王皓等紧跟其后，并在世界乒坛屡建功绩。他们正手能攻，反手用反拍面拉或快拨球的创新技术弥补了直拍反手的薄弱环节。马琳在第48届世乒赛上又一次证明了这一点，取得了男子单打亚军；王皓也与孔令辉一起，合作奋战，过五关、斩六将，勇登男双最高领奖台。这些都向世人展示了直拍横打的威力。

（3）近台快攻结合弧圈威力更大。如王励勤在2005年上海举行的第48届世乒赛上以其凌厉的攻势打败了所有选手荣登冠军宝座；王楠作为乒坛的大姐大，自1997年夺得第一次世乒赛女团冠军以来，经过近十年奋战，已先后夺得了18个世界冠军，与前世界冠军邓亚萍的金牌数目相同，是中国第二个大满贯女运动员；紧跟其后的是目前世界排名第一的张怡宁，也是横拍两面反胶的选手，其技术以速度快、力量大、技术全面著称，在第48届世乒赛上张怡宁也圆了自己的大满贯梦想，取得了女单冠军和女双冠军（与王楠配合）两块金牌，奠定了她在中国女选手中的领军地位。

（4）也有的选手反手拍面使用的是生胶、长胶、半长胶，弹击过去的球速度快而下沉，对手还击时容易下网，这为正手创造进攻机会提供了有利条件。这种打法的突出代表是邓亚萍，她以独特的近台快攻打法弥补了自身的不足，创造了世界乒坛神话，成为中国第一个女子大满贯选手。她以顽强的毅力和敢拼敢打的精神博得了国际奥委会主席萨马兰奇先生的喜爱，也以她的拳拳爱国心赢得了广大中国观众的认可。

（5）现在选手往往注重前三板球，尤其是直板选手更是强调此技术。发球抢攻、争取主动是直拍选手的技术特点。但相对来说，直板选手反手较弱，这迫使其为了弥补反手的缺陷而站台偏左，这样利于侧身强攻，但有时会造成正手空当过大，导致扑救失误。这就要求运动员要步伐快，扑救及时。

（6）在观看比赛中会发现，运动员都将球送至球网附近，这是近年来出现的新技术，叫"摆短球"。双方运动员在发球后都力求将球送到网附近而且弧线低，迫使对方不能起拍强攻，自己则在摆短中寻找进攻机会。这种打法的不足之处是，一旦线路稍长就会被对方找到抢攻的机会，造成被动。

（7）在观看比赛中也可以经常看到双方运动员会将球拉向球台右边线而且落台后向右侧飞速下沉，这会给对方造成很大威胁。这种技术也是近年新创的，叫"拉侧旋"。这种技术与常见的拉球技术的区别在于触球部位和用力方向的变化上。拉球是触球的中上部，以从后向前摩擦发力为主，落到对方球台时的飞行轨迹是向前下。但是"拉侧旋"却是触球的侧上部，用力时前倾球拍，大臂带小臂发力向前。这种技术难度很大，角度也大，但威力很大，落台后，球的飞行轨迹向右侧急速降落，给对方增加了回球的难度。

（8）一削一攻两位选手的比赛更容易引起观众的兴趣。攻球运动员用一拉一吊的技、战术迫使削球运动员近台、远台跑动，以此打乱其步法。一左一右地拉大角，可以让削球运动员左右奔跑，从体力上将其拖垮，在疲惫中造成回球效果降低，从而给自己寻找攻击机会；而削球手也会用削转与不转球给对方制造回球难度，从中寻找反击机会，继而争取主动，赢得胜利。这种打法的代表人物当属朱世赫。

（9）运动员的发球也是看点。比赛中，运动员每次轮发 2 个球，发球权到手就意味着主动权到手，在旋转、速度、力量和落点上，发球员均占着主动，令对方无法预料。这时运动员发球一般都要经过深思熟虑，根据对方的特点和习惯打法，预测发出每一球后对方可能回球的技术，以及自己在第三板可能要使用的反击方案。假如球发出去后对方回球下网，说明此球的下旋力很强，在第二个接发球时就要特别留心发球员对球的摩擦力度和击球点。运动员往往可以利用一个动作发出多种不同旋转球，用以迷惑对方，争取主动。

四、平时的思想修养、场上的行为体现

（一）教练员的沉着冷静是运动员的坚强后盾

比赛规则对场外指导作了非常严格的规定。什么人可以指导，在团体赛和单项比赛中是不一样的；什么时间可以指导，规则中都作了详细说明。因此，教练员在场外的一举一动，都同时受到了裁判员的监督，如有违规，就会被毫不客气地逐出场外。在第 48 届世乒赛上，中国男队教练刘国梁就是因为被裁判员误认为场外指导而被两次请出场外。不论从电视里还是从现场上，我们看到的国家队教练都是指挥若定、胸有成竹地稳坐场外，并对队员的表现给予点头肯定和鼓掌加油。不论多紧张的局面，教练员的脸上总挂着信任的表情。这在无形中给场上运动员以力量和支持，也在对每一个球的技、战术发挥上给了

运动员独立思考和决定的最大空间。这对每个人都是启迪。这种处事不慌、遇事不惊、沉着应对、冷静思考的临场作风，在关键的时候给予"及时雨"式的点拨以及"相信你的战士"的策略是一个指挥官和管理者必备的素质。

（二）良好的意志品质是运动员制胜的关键

光有娴熟的技术是不够的，优秀的运动员应该是技术与品质同步相长。一个运动员的修养在他的一言一行、一举一动中就会自然流露出来。优秀的运动员会以其自身的表现成为现代年轻人学习的榜样。

1. 沉着冷静，遇事不慌

运动员的与众不同往往表现在关键时刻。若领先时还有1局就能取胜，这时就能考验一个人的心理素质是否过硬，不论是心理松懈，还是求胜心切，都可能会反胜为败。在第48届世乒赛上，郝帅就是如此，由于其心理素质不过硬，在3：0领先的情况下反把到手的胜利白白送掉。一场比赛可能先以0：2或0：3落后，这时要是思想素质不过硬，想法太多，往往会一败涂地；若是轻装上阵、敢打敢拼，往往会反败为胜。相持的比赛最考验运动员的技术和思想，这时谁的思想过硬、不手软，谁就能最终赢得胜利。场上的表现无不考验着比赛双方的心态，那一刻的表现是他们内心真正的体现。沉着冷静、遇事不慌，不是一朝一夕能达到的境界。每一个项目运动员的临场表现都不尽相同，这也是我们在观赏运动员球技的同时应欣赏的意志美。

2. 深思熟虑，独立作战

规则对场外指导的限制，促使运动员在场上必须要自己决定使用的技、战术，并根据个人的发挥程度和对手的表现随时改变原先的战术。久而久之，运动员的思考与判断能力便会增强，独立作战意识就会得到提高。大家常可以看到运动员在失掉1分时往往会嘴里念念有词，这是他在利用走动捡球的机会在思考这1分失败的原因，以便从中快速吸取教训，争取下一个球不犯类似的错误并争取主动。这种项目特性对一个人的成长大有益处，也是我们观战时应注意和学习的地方。

3. 团结协作，共同努力

在乒乓球比赛中，不论是集体项目还是个人项目，都需要大家相互的鼓励和支持，才能取得最后的胜利。团体赛中一名队员输了一场球，下一场换另一名队员上，就可能再把它赢回来。输了一场不可怕，在同队队友的鼓励下再次上场，相信同伴一定把它赢回来，众人拾柴火焰高，同心协力才能制胜。在双打比赛中，两人相互鼓励，输一个球不埋怨，只要下次打好，暂时落后了稍微商量一下，然后迅速找出解决方法，以便迎头赶上；领先了，就互相提醒，把握每一个必胜球，单打时，没有任务的同伴，就在场外给予加油助威，以提高其士气。所有这些，都表现了团队精神、良好的队伍氛围和集体主义精神。

五、双打欣赏

在世界乒乓球锦标赛的 7 个项目中，双打占有三席：男子双打、女子双打和混合双打。由此可见双打在乒乓球运动中的重要地位。

如何欣赏双打比赛？在比赛中有哪些看点？

（一）双打配对的组成

一般双打配对是由一个单位的两个运动员组成，但在国际比赛中，允许两个协会的运动员配对组成一对双打。如在第 34 届世界乒乓球锦标赛上，女子双打冠军就是由中国的杨影和朝鲜的朴英玉组成。

（二）双打的特点——配对要合理

合理的配对是打好双打的重要条件之一。

1. 技术类型

首先要考虑双打同伴的打法类型和技术特点。如快攻打法与快攻打法相结合、快攻打法与弧圈打法相结合、快攻打法与削攻打法相结合、削攻结合打法和弧圈结合快攻打法相结合、削攻结合打法和削球为主打法相结合等。在配对上有时是打法相同或相似，也有时是风格接近，甚至有时是相互取长补短。不论怎么配对，都要有利于技术的共同发挥。

2. 打法类型

在双打中，非常看重一左手握拍和一右手握拍的相互配合，这是目前双打配对中最理想的结合。这种配对由于站位一左一右，从而减少了左右穿插，缩小了移动范围，避免了在跑位时的相互阻碍，更能充分发挥各自正手技术在进攻时的杀伤力。

（三）前后站位

在双打中经常看到两个运动员一前一后站位，这是出于对在移动中位置的考虑，便于击球移位时互不碰撞，并在技术上也能拾遗补缺。如近台快攻打法和攻削结合打法配对就属此类。

（四）双打中应注意的问题

1. 自己的一板不能给同伴带来后患

即选手在打出一板后，即便不能直接得分，也要利用力量、落点、旋转和速度给对方造成威胁，使对手回球质量降低，为同伴的一板创造机会。

2. 不影响同伴视线

击球后迅速跑动，尽量给同伴发挥技术的空间。

3. 移位要合理

尽量接近下一次击球最有利的位置。

4. 相互跑动路线要合理

根据配对打法，练习合理的跑动路线。所以，双打配对不要轻易拆散，配合默契是需要时间磨合的。

思考题

1. 乒乓球运动欣赏的意义是什么？
2. 何谓乒乓球运动观赏中的情感交流？
3. 乒乓球比赛中可以观赏哪些内容？

附录一

大学生体质测试评分表

附表1　大学一年级至四年级男生身高与标准体重对照表

（体重单位：千克）

身高段/厘米	营养不良	较低体重	正常体重	超重	肥胖
	50分	60分	100分	60分	50分
144.0～144.9	<41.5	41.5～46.3	46.4～51.9	52.0～53.7	≥53.8
145.0～145.9	<41.8	41.8～46.7	46.8～52.6	52.7～54.5	≥54.6
146.0～146.9	<42.1	42.1～47.1	47.2～53.1	53.2～55.1	≥55.2
147.0～147.9	<42.4	42.4～47.5	47.6～53.7	53.8～55.7	≥55.8
148.0～148.9	<42.6	42.6～47.9	48.0～54.2	54.3～56.3	≥56.4
149.0～149.9	<42.9	42.9～48.3	48.4～54.8	54.9～56.6	≥56.7
150.0～150.9	<43.2	43.2～48.8	48.9～55.4	55.5～57.6	≥57.7
151.0～151.9	<43.5	43.5～49.2	49.3～56.0	56.1～58.2	≥58.3
152.0～152.9	<43.9	43.9～49.7	49.8～56.5	56.6～58.7	≥58.8
153.0～153.9	<44.2	44.2～50.1	50.2～57.0	57.1～59.3	≥59.4
154.0～154.9	<44.7	44.7～50.6	50.7～57.5	57.6～59.8	≥59.9
155.0～155.9	<45.2	45.2～51.1	51.2～58.0	58.1～60.7	≥60.8
156.0～156.9	<45.6	45.6～51.6	51.7～58.7	58.8～61.0	≥61.1
157.0～157.9	<46.1	46.1～52.1	52.2～59.2	59.3～61.5	≥61.6
158.0～158.9	<46.6	46.6～52.6	52.7～59.8	59.9～62.2	≥62.3
159.0～159.9	<46.9	46.9～53.1	53.2～60.3	60.4～62.7	≥62.8
160.0～160.9	<47.4	47.4～53.6	53.7～60.9	61.0～63.4	≥63.5
161.0～161.9	<48.1	48.1～54.3	54.4～61.6	61.7～64.1	≥64.2
162.0～162.9	<48.5	48.5～54.8	54.9～62.2	62.3～64.8	≥64.9
163.0～163.9	<49.0	49.0～55.3	55.4～62.8	62.9～65.3	≥65.4
164.0～164.9	<49.5	49.5～55.9	56.0～63.4	63.5～65.9	≥66.0

续表

身高段/厘米	营养不良 50 分	较低体重 60 分	正常体重 100 分	超重 60 分	肥胖 50 分
165.0~165.9	<49.9	49.9~56.4	56.5~64.1	64.2~66.6	≥66.7
166.0~166.9	<50.4	50.4~56.9	57.0~64.6	64.7~67.0	≥67.1
167.0~167.9	<50.8	50.8~57.3	57.4~65.0	65.1~67.5	≥67.6
168.0~168.9	<51.1	51.1~57.7	57.8~65.5	65.6~68.1	≥68.2
169.0~169.9	<51.6	51.6~58.2	58.3~66.0	66.1~68.6	≥68.7
170.0~170.9	<52.1	52.1~58.7	58.8~66.5	66.6~69.1	≥69.2
171.0~171.9	<52.5	52.5~59.2	59.3~67.2	67.3~69.8	≥69.9
172.0~172.9	<53.0	53.0~59.8	59.9~67.8	67.9~70.4	≥70.5
173.0~173.9	<53.5	53.5~60.3	60.4~68.4	68.5~71.1	≥71.2
174.0~174.9	<53.8	53.8~61.0	61.1~69.3	69.4~72.0	≥72.1
175.0~175.9	<54.5	54.5~61.5	61.6~69.9	70.0~72.7	≥72.8
176.0~176.9	<55.3	55.3~62.2	62.3~70.9	71.0~73.8	≥73.9
177.0~177.9	<55.8	55.8~62.7	62.8~71.6	71.7~74.5	≥74.6
178.0~178.9	<56.2	56.2~63.3	63.4~72.3	72.4~75.3	≥75.4
179.0~179.9	<56.7	56.7~63.8	63.9~72.8	72.9~75.8	≥75.9
180.0~180.9	<57.1	57.1~64.3	64.4~73.5	73.6~76.5	≥76.6
181.0~181.9	<57.7	57.7~64.9	65.0~74.2	74.3~77.3	≥77.4
182.0~182.9	<58.2	58.2~65.6	65.7~74.9	75.0~77.8	≥77.9
183.0~183.9	<58.8	58.8~66.2	66.3~75.7	75.8~78.8	≥78.9
184.0~184.9	<59.3	59.3~66.8	66.9~76.3	76.4~79.4	≥79.5
185.0~185.9	<59.9	59.9~67.4	67.5~77.0	77.1~80.2	≥80.3
186.0~186.9	<60.4	60.4~68.1	68.2~77.8	77.9~81.1	≥81.2
187.0~187.9	<60.9	60.9~68.7	68.8~78.6	78.7~81.9	≥82.0
188.0~188.9	<61.4	61.4~69.2	69.3~79.3	79.4~82.6	≥82.7
189.0~189.9	<61.8	61.8~69.8	69.9~79.9	80.0~83.2	≥83.3
190.0~190.9	<62.4	62.4~70.4	70.5~80.5	80.6~83.6	≥83.7

注：身高低于表中所列出的最低身高段的下限值时，身高每低 1 厘米，实测体重需加上 0.5 千克，实测身高需加上 1 厘米，再查表确定分值。身高高于表中所列出的最高身高段时，身高每高 1 厘米，其实测体重需减去 0.9 千克，实测身高需减去 1 厘米，再查表确定分值。

附表2　大学一年级至四年级女生身高与标准体重对照表

（体重单位：千克）

身高段/厘米	营养不良	较低体重	正常体重	超重	肥胖
	50分	60分	100分	60分	50分
140.0～140.9	<36.5	36.5～42.4	42.5～50.6	50.7～53.3	≥53.4
141.0～141.9	<36.6	36.6～42.9	43.0～51.3	51.4～54.1	≥54.2
142.0～142.9	<36.8	36.8～43.2	43.3～51.9	52.0～54.7	≥54.8
143.0～143.9	<37.0	37.0～43.5	43.6～52.3	52.4～55.2	≥55.3
144.0～144.9	<37.2	37.2～43.7	43.8～52.7	52.8～55.6	≥55.7
145.0～145.9	<37.5	37.5～44.0	44.1～53.1	53.2～56.1	≥56.2
146.0～146.9	<37.9	37.9～44.4	44.5～53.7	53.8～56.7	≥56.8
147.0～147.9	<38.5	38.5～45.0	45.1～54.3	54.4～57.3	≥57.4
148.0～148.9	<39.1	39.1～45.7	45.8～55.0	55.1～58.0	≥58.1
149.0～149.9	<39.5	39.5～46.2	46.3～55.6	55.7～58.7	≥58.8
150.0～150.9	<39.9	39.9～46.6	46.7～56.2	56.3～59.3	≥59.4
151.0～151.9	<40.3	40.3～47.1	47.2～56.7	56.8～59.9	≥59.9
152.0～152.9	<40.8	40.8～47.6	47.7～57.4	57.5～60.5	≥60.6
153.0～153.9	<41.4	41.4～48.2	48.3～57.9	58.0～61.1	≥61.2
154.0～154.9	<41.9	41.9～48.8	48.9～58.6	58.7～61.9	≥62.0
155.0～155.9	<42.3	42.3～49.1	49.2～59.1	59.2～62.4	≥62.5
156.0～156.9	<42.9	42.9～49.7	49.8～59.7	59.8～63.0	≥63.1
157.0～157.9	<43.5	43.5～50.3	50.4～60.4	60.5～63.6	≥63.7
158.0～158.9	<44.0	44.0～50.8	50.9～61.2	61.3～64.5	≥64.6
159.0～159.9	<44.5	44.5～51.4	51.5～61.7	61.8～65.1	≥65.2
160.0～160.9	<45.0	45.0～52.1	52.2～62.3	62.4～65.6	≥65.7
161.0～161.9	<45.4	45.4～52.5	52.6～62.8	62.9～66.2	≥66.3
162.0～162.9	<45.9	45.9～53.1	53.2～63.4	63.5～66.8	≥66.9
163.0～163.9	<46.4	46.4～53.6	53.7～63.9	64.0～67.3	≥67.4
164.0～164.9	<46.8	46.8～54.2	54.3～64.5	64.6～67.9	≥68.0

续表

身高段/厘米	营养不良 50 分	较低体重 60 分	正常体重 100 分	超重 60 分	肥胖 50 分
165.0~165.9	<47.4	47.4~54.8	54.9~65.0	65.1~68.3	≥68.4
166.0~166.9	<48.0	48.0~55.4	55.5~65.5	65.6~68.9	≥69.0
167.0~167.9	<48.5	48.5~56.0	56.1~66.2	66.3~69.5	≥69.6
168.0~168.9	<49.0	49.0~56.4	56.5~66.7	66.8~70.1	≥70.2
169.0~169.9	<49.4	49.4~56.8	56.9~67.3	67.4~70.7	≥70.8
170.0~170.9	<49.9	49.9~57.3	57.4~67.9	68.0~71.4	≥71.5
171.0~171.9	<50.2	50.2~57.8	57.9~68.5	68.6~72.1	≥72.2
172.0~172.9	<50.7	50.7~58.4	58.5~69.1	69.2~72.7	≥72.8
173.0~173.9	<51.0	51.0~58.8	58.9~69.6	69.7~73.1	≥73.2
174.0~174.9	<51.3	51.3~59.3	59.4~70.2	70.3~73.6	≥73.7
175.0~175.9	<51.9	51.9~59.9	60.0~70.8	70.9~74.4	≥74.5
176.0~176.9	<52.4	52.4~60.4	60.5~71.5	71.6~75.1	≥75.2
177.0~177.9	<52.8	52.8~61.0	61.1~72.1	72.2~75.7	≥75.8
178.0~178.9	<53.2	53.2~61.5	61.6~72.6	72.7~76.2	≥76.3
179.0~179.9	<53.6	53.6~62.0	62.1~73.2	73.3~76.7	≥76.8
180.0~180.9	<54.1	54.1~62.5	62.6~73.7	73.8~77.0	≥77.1
181.0~181.9	<54.5	54.5~63.1	63.2~74.3	74.4~77.8	≥77.9
182.0~182.9	<55.1	55.1~63.8	63.9~75.0	75.1~79.4	≥79.5
183.0~183.9	<55.6	55.6~64.5	64.6~75.7	75.8~80.4	≥80.5
184.0~184.9	<56.1	56.1~65.3	65.4~76.6	76.7~81.2	≥81.3
185.0~185.9	<56.8	56.8~66.1	66.2~77.5	77.6~82.4	≥82.5
186.0~186.9	<57.3	57.3~66.9	67.0~78.6	78.7~83.3	≥83.4

注：身高低于表中所列出的最低身高段的下限值时，身高每低 1 厘米，实测体重需加上 0.5 千克，实测身高需加上 1 厘米，再查表确定分值。身高高于表中所列出的最高身高段时，身高每高 1 厘米，其实测体重需减去 0.9 千克，实测身高需减去 1 厘米，再查表确定分值。

附表3 大学男生体质测试评分标准

等级	单项得分	肺活量体重指数	1000米/(分·秒)	台阶试验	50米跑/秒	立定跳远/米	掷实心球/米	握力体重指数	引体向上/次	坐位体前屈/厘米	跳绳/(次/分钟)	篮球运球/秒	足球运球/秒	排球垫球/次
优秀	100	84	3′27″	82	6.0	2.66	15.7	92	26	23.0	198	8.6	6.3	50
	98	83	3′28″	80	6.1	2.65	15.2	91	25	22.6	193	9.0	6.5	49
	96	82	3′31″	77	6.2	2.63	14.4	90	24	22.0	186	9.6	6.9	46
	94	81	3′33″	74	6.3	2.62	13.6	89	23	21.4	178	10.3	7.3	44
	92	80	3′35″	71	6.4	2.60	12.5	87	22	20.6	168	11.1	7.7	41
	90	78	3′39″	67	6.5	2.58	11.5	86	21	19.8	158	12.0	8.2	38
良好	87	77	3′42″	65	6.6	2.56	11.3	84	20	18.9	152	12.4	8.5	37
	84	75	3′45″	63	6.8	2.52	10.9	81	19	17.5	144	12.9	8.9	34
	81	73	3′49″	60	7.0	2.48	10.5	79	18	16.2	136	13.5	9.3	32
	78	71	3′53″	57	7.3	2.43	10.0	75	17	14.3	124	14.3	9.9	29
	75	68	3′58″	53	7.5	2.38	9.5	72	16	12.5	113	15.0	10.4	26
及格	72	66	4′05″	52	7.6	2.35	9.3	70	15	11.3	108	15.6	10.7	25
	69	64	4′12″	51	7.7	2.31	8.9	66	14	9.5	101	16.6	11.2	23
	66	61	4′19″	50	7.8	2.26	8.5	63	13	7.8	94	17.5	11.7	21
	63	58	4′26″	48	8.0	2.20	8.0	59	12	5.4	85	18.8	12.3	18
	60	55	4′33″	46	8.1	2.14	7.5	54	11	3.0	75	20.0	12.9	15
不及格	50	54	4′40″	45	8.2	2.12	7.3	53	9	2.4	71	20.6	13.3	14
	40	52	4′47″	44	8.3	2.09	7.0	51	8	1.4	64	21.6	13.8	12
	30	51	4′54″	43	8.5	2.06	6.7	49	7	0.5	58	22.5	14.3	10
	20	49	5′01″	42	8.6	2.03	6.2	47	6	-0.8	49	23.8	15.0	8
	10	47	5′08″	40	8.8	1.99	5.8	44	5	-2.0	40	25.0	15.7	5

附表 4 大学女生体质测试评分标准

等级	单项得分	肺活量体重指数	800 米/(分·秒)	台阶试验	50米跑/秒	立定跳远/米	掷实心球/米	握力体重指数	仰卧起坐/(次/分钟)	坐位体前屈/厘米	跳绳/(次/分钟)	篮球运球/秒	足球运球/秒	排球垫球/次
优秀	100	70	3′24″	78	7.2	2.07	8.6	74	52	21.1	190	11.2	7.3	46
	98	69	3′27″	75	7.3	2.06	8.5	73	51	20.8	184	11.5	7.8	44
	96	68	3′29″	72	7.4	2.05	8.4	72	50	20.3	175	12.0	8.6	41
	94	67	3′32″	69	7.5	2.03	8.2	71	49	19.8	166	12.6	9.4	38
	92	65	3′35″	64	7.7	2.01	8.0	69	47	19.2	154	13.3	10.5	34
	90	64	3′38″	60	7.8	1.99	7.8	67	45	18.6	142	14.0	11.5	30
良好	87	63	3′42″	59	7.9	1.97	7.7	66	44	17.7	137	14.6	11.9	29
	84	61	3′46″	57	8.0	1.93	7.6	63	43	16.3	130	15.6	12.5	27
	81	59	3′50″	55	8.2	1.89	7.5	61	42	15.0	122	16.5	13.2	25
	78	57	3′54″	52	8.3	1.84	7.4	58	40	13.1	112	17.8	14.0	23
	75	54	3′58″	49	8.5	1.79	7.2	55	38	11.3	102	19.0	14.9	20
及格	72	53	4′03″	48	8.6	1.76	7.1	53	37	10.1	98	19.8	15.6	19
	69	51	4′08″	47	8.7	1.72	7.0	50	35	8.3	92	20.9	16.7	17
	66	49	4′13″	46	8.8	1.69	6.8	48	33	6.5	86	22.0	17.5	15
	63	46	4′18″	44	8.9	1.63	6.6	44	31	4.1	78	23.5	19.3	13
	60	43	4′23″	42	9.0	1.58	6.4	40	28	1.7	70	25.0	20.8	10
不及格	50	42	4′30″	41	9.1	1.56	6.2	39	27	1.5	66	25.8	21.2	9
	40	41	4′37″	40	9.3	1.53	6.0	38	26	1.3	59	26.9	21.9	8
	30	39	4′44″	39	9.5	1.50	5.7	36	25	1.0	53	28.0	22.5	7
	20	37	4′51″	38	9.8	1.46	5.4	34	23	0.6	44	29.5	23.4	6
	10	35	5′00″	36	10.0	1.42	5.0	32	21	0.2	35	31.0	24.3	4

注：附表 1 至表 4 引自教育部《国家学生体质健康标准》，2007.

附录二

大学生心理健康自评量表（SCL-90）

《症状自评量表 SCL-90)》（附表5）是世界上最著名的心理健康测试量表之一，是当前使用最为广泛的精神障碍和心理疾病门诊检查量表，能有效地诊断学生的心理健康状况，确定学生心理健康问题或障碍的症状及特点，能为学校开展心理健康教育、推行心理辅导与咨询工作提供依据，进而为促进学生的全面发展和提高教育质量服务。

（1）测试构成。本测验共90个自我评定项目。测验的9个因子分别为：躯体化、强迫症状、人际关系敏感、抑郁、焦虑、敌对、恐怖、偏执及精神病性。

附表5 SCL-90测试的9个因子

因子	项目	得分=项目总分/项目数
躯体化	1，4，12，27，40，42，48，49，52，53，56，58	
强迫症状	3，9，10，28，38，45，46，51，55，65	
人际关系敏感	6，21，34，36，37，41，61，69，73	
抑郁	5，14，15，20，22，26，29，30，31，32，54，71，79	
焦虑	2，17，23，33，39，57，72，78，80，86	
敌对	11，24，63，67，74，81	
恐怖	13，25，47，50，70，75，82	
偏执	8，18，43，68，76，83	
精神病性	7，16，35，62，77，84，85，87，88，90	
睡眠及饮食	19，44，59，60，64，66，89	

（2）评定方法。分为5级评分（0～4级），0＝从无，1＝轻度，2＝中度，3＝相当重，4＝严重

（3）得分解释。得分解释见附录7

（4）正常人SCL-90因子分常模（附表6）

附表6 正常人SCL-90因子分常模表

因子	X+SD	因子	X+SD
躯体化	1.37+0.48	敌对性	1.46+0.55
强迫	1.62+0.58	恐怖	1.23+0.41
人际关系	1.65+0.61	偏执	1.43+0.57
抑郁	1.5+0.59	精神病性	1.29+0.42
焦虑	1.39+0.43		

注：正常成人SCL-90的因子分常模，如果因子分超过常模即为异常。

附表7 症状自评量表（SCL-90）

指导语：以下列出了有些人可能会有的问题，请您仔细阅读每一条，然后根据最近一星期内下列问题是否存在，它们影响你或使你感到苦恼的实际感觉，在每题后相应的数字上划"√"，请不要漏题。

编号	症　　状	从无	轻度	中度	偏重	严重
1	头痛					
2	神经过敏，心中不踏实					
3	头脑中有不必要的想法或字句盘旋					
4	头昏或昏倒					
5	对异性的兴趣减退					
6	对旁人责备求全					
7	感到别人能控制您的思想					
8	责怪别人制造麻烦					
9	忘性大					
10	担心自己的衣饰不整齐及仪态不端正					
11	容易烦恼和激动					
12	胸痛					
13	害怕空旷的场所或街道					
14	感到自己的精力下降，活动减慢					
15	想结束自己的生命					

续表

编号	症状	从无	轻度	中度	偏重	严重
16	听到旁人听不到的声音					
17	发抖					
18	感到大多数人都不可信任					
19	胃口不好					
20	容易哭泣					
21	同异性相处时感到害羞不自在					
22	感到受骗，中了圈套或有人想抓住您					
23	无缘无故地突然感到害怕					
24	自己不能控制地大发脾气					
25	怕单独出门					
26	经常责怪自己					
27	腰痛					
28	感到难以完成任务					
29	感到孤独					
30	感到苦闷					
31	过分担忧					
32	对事物不感兴趣					
33	感到害怕					
34	您的感情容易受到伤害					
35	旁人能知道您的私下想法					
36	感到别人不理解您、不同情您					
37	感到人们对您不友好，不喜欢您					
38	做事必须做得很慢以保证做得正确					
39	心跳得很厉害					
40	恶心或胃部不舒服					
41	感到比不上他人					
42	肌肉酸痛					
43	感到有人在监视您，谈论您					

续表

编号	症　　状	从无	轻度	中度	偏重	严重
44	难以入睡					
45	做事必须反复检查					
46	难以作出决定					
47	怕乘电车、公共汽车、地铁或火车					
48	呼吸有困难					
49	一阵阵发冷或发热					
50	因为感到害怕而避开某些东西、场合或活动					
51	脑子变空了					
52	身体发麻或刺痛					
53	喉咙有梗塞感					
54	感到前途没有希望					
55	不能集中注意力					
56	感到身体的某一部分软弱无力					
57	感到紧张或容易紧张					
58	感到手或脚发重					
59	想到死亡的事					
60	吃得太多					
61	当别人看着您或议论您时感到不自在					
62	有一些不属于您自己的想法					
63	有想打人或伤害他人的冲动					
64	醒得太早					
65	必须反复洗手、点数					
66	睡得不稳不深					
67	有想摔坏或破坏东西的想法					
68	有一些别人没有的想法					
69	感到对别人神经过敏					
70	在商店或电影院等人多的地方感到不自在					
71	感到任何事情都很困难					

续表

编号	症状	从无	轻度	中度	偏重	严重
72	一阵阵恐惧或惊恐					
73	感到在公共场所吃东西很不舒服					
74	经常与人争论					
75	单独一人时神经很紧张					
76	别人对您的成绩没有恰当的评价					
77	即使和别人在一起也感到孤单					
78	感到坐立不安,心神不定					
79	感到自己没有什么价值					
80	感到熟悉的东西变得陌生或不像是真的					
81	大叫或摔东西					
82	害怕会在公共场所昏倒					
83	感到别人想占您的便宜					
84	为一些有关性的想法而很苦恼					
85	您认为应该因为自己的过错而受到惩罚					
86	感到要很快把事情做完					
87	感到自己身体有严重问题					
88	从未感到和其他人很亲近					
89	感到自己有罪					
90	感到自己的脑子有毛病					

《症状自评量表(SCL-90)》得分解释:

1. 总症状指数

指总的来看,被试的自我症状评价介于"从无"到"严重"的哪一个水平。总症状指数的分数在 0~0.5,表明被试自我感觉没有量表中所列的症状;分数在 0.5~1.5,表明被试感觉有点症状,但发生得并不频繁;在 1.5~2.5,表明被试感觉有症状,其严重程度为轻到中度;分数在 2.5~3.5,表明被试感觉有症状,其程度为中到严重;分数在 3.5~4 表明被试感觉有,且症状的频度和强度都十分严重。

2. 阳性项目数

指被评为 1~4 分的项目数分别是多少,它表示被试在多少项目中感到

"有症状"。

3. 阴性项目数

指被评为 0 分的项目数，它表示被试"无症状"的项目有多少。

4. 阳性症状均分

指个体自我感觉不佳的项目的程度究竟处于哪个水平。其意义与总症状指数的相同。

5. 因子分

SCL-90 包括 9 个因子，每一个因子反映出个体某方面的症状情况，通过因子分可了解症状分布特点。当个体在某一因子的得分大于 2 时，即超出正常均分，则个体在该方面就很有可能有心理健康方面的问题。

（1）躯体化。主要反映身体不适感，包括心血管、胃肠道、呼吸和其他系统的不适；头痛、背痛、肌肉酸痛以及焦虑等躯体不适表现。

该分量表的得分在 0~48 分。得分在 24 分以上，表明个体在身体上有较明显的不适感，并常伴有头痛、肌肉酸痛等症状。得分在 12 分以下，躯体症状表现不明显。总的说来，得分越高，躯体的不适感越强；得分越低，症状体验越不明显。

（2）强迫症状。主要指那些明知没有必要，但又无法摆脱的无意义的思想、冲动和行为，还有一些比较一般的认知障碍的行为征象也在这一因子中反映。

该分量表的得分在 0~40 分。得分在 20 分以上，强迫症状较明显。得分在 10 分以下，强迫症状不明显。总的说来，得分越高，表明个体越无法摆脱一些无意义的行为、思想和冲动，并可能表现出一些认知障碍的行为征兆。得分越低，表明个体在此种症状上表现越不明显，没有出现强迫行为。

（3）人际关系敏感。主要是指在某些人际交往中有些不自在与自卑感，特别是与其他人相比较时更加突出。在人际交往中的自卑感、心神不安、明显的不自在，以及在人际交往中的不良自我暗示、消极的期待等是这方面症状的典型原因。

该分量表的得分在 0~36 分。得分在 18 分以上，表明个体对人际关系较为敏感，在人际交往中自卑感较强，并伴有行为症状（如坐立不安，退缩等）。得分在 9 分以下，表明个体在人际关系上较为正常。总的说来，得分越高，个体在人际交往中表现的问题就越多，自卑、自我中心越突出，并且已表现出消极的期待。得分越低，个体在人际关系上越能应付自如，人际交流自信、胸有成竹，并抱有积极的期待。

（4）抑郁。指苦闷的情感与以心境为代表的症状，还以生活兴趣的减退、缺乏动力、丧失活力等为特征。还表现出失望、悲观以及与抑郁相联系的认知和躯体方面的感受，另外，还包括有关死亡的思想和自杀观念。

该分量表的得分在 0~52 分。得分在 26 分以上，表明个体的抑郁程度较强，对生活缺乏足够的兴趣，缺乏运动活力，在极端情况下可能会有想死亡的思想和自杀的观念。得分在 13 分以下，表明个体抑郁程度较弱，生活态度乐观积极，充满活力，心境愉快。总的说来，得分越高，抑郁程度越明显；得分越低，抑郁程度越不明显。

（5）焦虑。一般指那些烦躁，坐立不安，神经过敏，紧张以及由此产生的躯体征象，如震颤等。该分量表的得分在 0~40 分。得分在 20 分以上，表明个体较易焦虑，易表现出烦躁、不安静和神经过敏，极端时可能导致惊恐发作。得分在 10 分以下，表明个体不易焦虑，易表现出安定的状态。总的说来，得分越高，焦虑表现越明显；得分越低，越不会导致焦虑。

（6）敌对。主要从三方面来反映敌对的表现：思想、感情及行为。其项目包括厌烦的感觉，摔物，争论直到不可控制的脾气暴发等各方面。该分量表的得分在 0~24 分。得分在 12 分以上，表明个体易表现出敌对的思想、情感和行为。得分在 6 分以下表明个体容易表现出友好的思想、情感和行为。总的说来，得分越高，个体越容易敌对，好争论，脾气难以控制；得分越低，个体的脾气越温和，待人友好，不喜欢争论，无破坏行为。

（7）恐怖。恐惧的对象包括出门旅行，空旷场地，人群或公共场所和交通工具。此外，还有社交恐怖。该分量表的得分在 0~28 分。得分在 14 分以上，表明个体恐怖症状较为明显，常表现出对社交、广场和人群的恐惧。得分在 7 分以下，表明个体的恐怖症状不明显。总的说来，得分越高，个体越容易对一些场所和物体发生恐惧，并伴有明显的躯体症状；得分越低，个体越不易产生恐怖心理，越能正常地参与交往和活动。

（8）偏执。主要指投射性思维，敌对、猜疑、妄想、被动体验和夸大等。该分量表的得分在 0~24 分。得分在 12 分以上，表明个体的偏执症状明显，较易猜疑和敌对。得分在 6 分以下，表明个体的偏执症状不明显。总的说来，得分越高，个体越易偏执，表现出投射性的思维和妄想；得分越低，个体思维越不易走极端。

（9）精神病性。反映各式各样的急性症状和行为，即限定不严的精神病性过程的症状表现。该分量表的得分在 0~40 分。得分在 20 分以上，表明个体的精神病性症状较为明显。得分在 10 分以下，表明个体的精神病性症状不明显。总的说来，得分越高，越多地表现出精神病性症状和行为；得分越低，就越少表现出这些症状和行为。

（10）其他项目。作为附加项目或其他，作为第 10 个因子来处理，以便使各因子分之和等于总分。

附录三

大学生社会适应测试量表（附表8、附表9）

附表8　大学生社会适应测试量表

编号	症　状	是	无法肯定	不是
1	最怕转学或转班级，每到一个新环境，我总要经过很长一段时间才能适应			
2	每到一个新的地方，我很容易同别人接近			
3	在陌生人面前，我常无话可说，以至感到尴尬			
4	我最喜欢学习新知识或进行创造性的活动，它给我一种新鲜感，能调动我的积极性			
5	每到一个新地方，我第一天总是睡不好，就是在家里，只要换一张床，有时也会失眠			
6	不管生活条件有多大变化，我也能很快习惯			
7	越是人多的地方，我越感到紧张			
8	在正式比赛或考试时，我的成绩多半不会比平时练习差			
9	我最怕在众人面前发言，尤其当在导师们面前时，心紧张得都快跳出来了			
10	即使有的同学对我有看法，我仍能同他（她）交往			
11	能很好地处理与周围同学的关系			
12	和同学、家人相处，我很少固执己见，乐于采纳别人的看法			
13	同别人争论时，我常常感到语塞，事后才想起该怎样反驳对方，可惜已经太迟了			

续表

编号	症　状	是	无法肯定	不是
14	我对生活条件要求不高，即使生活条件很艰苦，我也能过得很愉快			
15	有时自己明明把要论述的东西记得非常清楚，但一到在众人面前发言时，还是会出差错			
16	在决定胜负的关键时刻，我虽然很紧张，但总能很快地使自己镇定下来			
17	我不喜欢的东西，不管怎么学也学不会			
18	在嘈杂混乱的环境里，我仍然能集中精力学习，并且效率较高			
19	我不喜欢陌生人来家里做客，每逢这种情况，我就有意回避			
20	我很喜欢参加社交活动，我感到这是交朋友的好机会			

附表9　大学生社会适应测试量表得分评价

得分	得　分　评　价
35～40分	社会适应能力很强，能很快地适应新的学习、生活环境，与人交往轻松、大方，给人的印象极好，无论进入什么样的环境，都能应付自如，左右逢源
9～34分	社会适应能力良好
17～28分	社会适应能力一般，当进入一个新环境，经过一段时间的努力，基本上能适应
6～16分	社会适应能力较差，依赖于较好的学习、生活环境，一旦遇到困难则易怨天尤人，甚至消沉
5分以下	社会适应能力很差，在各种新环境中，即使经过一段相当长时间的努力，也不一定能够适应，常常感到有些困惑，甚至与周围事物格格不入，因而十分苦恼。在与他人的交往中，总是显得拘谨，羞怯，手足无措

主要参考文献

[1] 孔博. 浅析乒乓球运动在终身体育中的推广 [J]. 体育世界·学术, 2009 (3).

[2] 刘华, 郭宝财. 乒乓球运动与人体健康 [J]. 白城师范学院学报, 2007 (3).

[3] 孔博. 浅析乒乓球运动在终身体育中的推广 [J]. 体育世界·学术, 2009 (03): 48.

[4] 刘华, 郭宝财. 乒乓球运动与人体健康 [J]. 白城师范学院学报, 2007 (03): 80.

[5] 肖春飞. 新华网上海频道. http://www.sh.xinhuanet.com/2003-09/28/content_998509.htm

[6] 苏丕仁. 乒乓球运动教程 [M]. 北京: 高等教育出版社, 2004.

[7] 郑厚成主编. 全国普通高等学校体育实践教程 [M]. 北京: 高等教育出版社, 1998.

[8] 邹继豪, 孙麒麟主编. 体育与健康教程 [M]. 沈阳: 辽宁大学出版社, 2004.

[9] 张瑞林主编. 体育与健康 [M]. 济南: 山东大学出版社, 2002.

[10] 潘银忠等编著. 大学生素质教育概论 [M]. 北京: 科学出版社, 2001.

[11] 凌月红著. 体育健康教育与运动处方 [M]. 北京: 北京体育大学出版社, 2004.

[12] 赵敬国主编. 体育健康教育 [M]. 北京: 北京出版社, 2004.

[13] 苏丕仁. 现代乒乓球运动教学与训练 [M]. 北京: 人民体育出版社, 2003.

[14] 卢元镇著. 体育的社会文化审视 [M]. 北京: 北京体育大学出版社, 1998.

[15] 姚颂平译. 体育理论与方法 [M]. 北京: 北京体育大学出版社, 1994.

[16] 王大中、蔡猛. 乒乓球文化技术与传播 [M]. 北京: 北京广播学院出版社, 2004.

[17] 荆其城等. 心理学概论 [M]. 北京: 科学出版社, 1986.

[18] 李艳霜. 奥林匹克运动会全书 [M]. 北京: 国际文化出版公司, 2001.

[19] 程嘉炎. 乒乓球竞赛法研究 [M]. 北京: 人民体育出版社, 1981.

[20] 胡声宇. 运动解剖学 [M]. 北京: 人民体育出版社, 2000.

[21] 张博. 乒乓球步法的技巧 [M]. 北京: 人民体育出版社, 2002.

[22] 中国乒乓球协会（编译）. 乒乓球竞赛规则（2007）[M]. 北京: 人民教育出版社, 2007.

郑重声明

高等教育出版社依法对本书享有专有出版权。任何未经许可的复制、销售行为均违反《中华人民共和国著作权法》，其行为人将承担相应的民事责任和行政责任；构成犯罪的，将被依法追究刑事责任。为了维护市场秩序，保护读者的合法权益，避免读者误用盗版书造成不良后果，我社将配合行政执法部门和司法机关对违法犯罪的单位和个人进行严厉打击。社会各界人士如发现上述侵权行为，希望及时举报，本社将奖励举报有功人员。

反盗版举报电话　　（010）58581999　58582371　58582488
反盗版举报传真　　（010）82086060
反盗版举报邮箱　　dd@hep.com.cn
通信地址　　北京市西城区德外大街4号
　　　　　　高等教育出版社法律事务与版权管理部
邮政编码　　100120